Das Erste Rumänische Lesebuch für Anfänger
Band 2

Drakula Arefu

Das Erste Rumänische Lesebuch für Anfänger Band 2
Stufe A2
Zweisprachig mit Rumänisch-deutscher Übersetzung

Das Erste Rumänische Lesebuch für Anfänger Band 2

von Drakula Arefu

Audiodateien www.audiolego.com/Buch/Rumaenisch-Band1/

Homepage www.lppbooks.com

Umschlaggestaltung: Audiolego Design

Umschlagfoto: Canstockphoto

2. Ausgabe

Copyright © 2015 2017 Language Practice Publishing

Copyright © 2015 2017 Audiolego

Alle Rechte vorbehalten. Das Werk ist urheberrechtlich geschützt.

Inhaltsverzeichnis

So steuern Sie die Geschwindigkeit der Audiodateien 7
Capitol 1 Motanul bolnav 8
Capitol 2 Hamsterul s-a salvat singur 12
Capitol 3 Un erou 17
Capitol 4 O bonă cu coadă 20
Capitol 5 Un motan vorbitor 23
Capitol 6 Oaspetele somnoros 26
Capitol 7 Nu e câinele de vină 29
Capitol 8 Valizele 32
Capitol 9 Profesorul Leonidas 36
Capitol 10 La dentist 40
Capitol 11 Dreptatea triumfă! 43
Capitol 12 Unde este marea? 47
Capitol 13 O treabă ușoară 51
Capitol 14 Stai! 54
Capitol 15 Un cadou minunat 57
Capitol 16 Declarații în plic 60
Capitol 17 Specialitatea casei 65
Capitol 18 Lalele și mere 69
Capitol 19 Tort 73
Capitol 20 Cină exotică 76
Capitol 21 Artă pretențioasă 80
Capitol 22 Curățenia de primăvară 84
Capitol 23 Taxi bej 87
Capitol 24 Pomul de Crăciun 91
Capitol 25 Marele incendiu 95
Capitol 26 Atenție, câine rău! 98
Capitol 27 Greșeala lui Marte 101
Capitol 28 Când nu-ți aștepți rândul 104
Capitol 29 Locul cu numărul treisprezece 107

Capitol 30 Temă de casă **111**
Wörterbuch Rumänisch-Deutsch **114**
Wörterbuch Deutsch-Rumänisch **130**
Buchtipps **145**

So steuern Sie die Geschwindigkeit der Audiodateien

Das Buch ist mit den Audiodateien ausgestattet. Die Adresse der Homepage des Buches, wo Audiodateien zum Anhören und Herunterladen verfügbar sind, ist am Anfang des Buches auf der bibliographischen Beschreibung vor dem Copyright-Hinweis aufgeführt.

Wir empfehlen Ihnen, den kostenlosen VLC-Mediaplayer zu verwenden, die Software, die zur Steuerung der Wiedergabegeschwindigkeit aller Audioformate verwendet werden kann. Die Steuerung der Geschwindigkeit ist auch einfach und erfordert nur wenige Klicks oder Tastatureingaben.

Android: Nach der Installation vom VLC Media Player klicken Sie auf die Audiodatei am Anfang eines Kapitels oder auf der Homepage des Buches, wenn Sie ein Papierbuch lesen. Wählen Sie "Open with VLC". Wenn Sie Schwierigkeiten beim Öffnen von Audiodateien mit VLC haben, ändern Sie die Standard-App für den Musik-Player. Gehen Sie zu Einstellungen→Apps, wählen Sie VLC und klicken Sie auf "Open by default" oder "Set default".

Kindle Fire: Nach der Installation vom VLC Media Player klicken Sie auf eine Audiodatei am Anfang eines Kapitels oder auf der Homepage des Buches, wenn Sie ein Papierbuch lesen. Wählen Sie "Complete action using →VLC".

iOS: Nach der Installation vom VLC Media Player kopieren Sie den Link zu der Audiodatei am Anfang eines Kapitels oder auf der Homepage des Buches, wenn Sie ein Papierbuch lesen, und fügen Sie ihn in den Download-Bereich des VLC Media Players ein. Nachdem der Download abgeschlossen ist, gehen Sie zu "Alle Dateien" und starten Sie die Audiodatei.

Windows: Starten Sie den VLC Media Player und klicken Sie auf die Audiodatei am Anfang eines Kapitels oder auf der Homepage des Buches, wenn Sie ein Papierbuch lesen. Gehen Sie nun in die Wiedergabe (Playback) und navigieren Sie die Geschwindigkeit.

MacOS: Starten Sie den VLC Media Player und klicken Sie auf die Audiodatei am Anfang eines Kapitels oder auf der Homepage des Buches, wenn Sie ein Papierbuch lesen. Nun, navigieren Sie zum Playback und öffnen die Optionen von Geschwindigkeit. Navigieren Sie die Geschwindigkeit.

1

Motanul bolnav
Der kranke Kater

A

Vocabular

Vokabeln

1. a (+verb), la - in, nach, zu
2. a (se) mișca - bewegen
3. a deține, propriul/propria - eigener
4. a fi fericit/ă - sich freuen
5. a fost/era - war
6. a fugi, a alerga - rennt
7. a mânca - essen
8. a pleca - lassen
9. a privi, a se uita - sehen, schauen
10. a se juca - spielen
11. a se ridica - aufstehen
12. a vedea, a înțelege, a-și da seama - sehen
13. a veni - kommen
14. absolut, complet, perfect - komplett

15. acasă - Zuhause, das
16. acolo - dort
17. acum - jetzt
18. adevăr - Wahrheit, die
19. afară - heraus
20. ah - oh
21. aici - hier
22. al, a, ai, ale lui/ei - sein, ihr
23. alt, altă - anderen
24. animal de casă/companie - Haustier, das
25. aproape - beinahe
26. ar (+verb) - würde
27. ar trebui - sollte
28. are (sau verb auxiliar) - hat
29. articol hotărât - der, die, das
30. a-și aminti - erinnern
31. astăzi - heute
32. atunci - dann
33. bine - gut
34. bolnav/ă - krank
35. bucătărie - Küche, die
36. bucuros/bucuroasă - glücklich
37. că, acel/acea - dass
38. când - wann
39. câteodată, uneori - manchmal
40. ce - was
41. cel mai interesant - interessanteste
42. cerut, necesar - vorgeschriebenen
43. chiar aici - gleich hier
44. ciudat - seltsam
45. clar - klar
46. cu - mit
47. cumpără - kauft
48. cușcă - Käfig, der
49. dă telefon - ruft an
50. dar - aber
51. de aproape - genau
52. de ce - warum
53. deci - so
54. desigur - natürlich
55. din nefericire, cu tristețe - traurig
56. din nou - noch einmal
57. din, de la - von
58. doar - nur
59. doar, abia, numai - nur, gerade
60. doi/două - zwei
61. ei - sie, ihnen
62. el - er
63. el/ea (neutru, [-uman]) - es
64. este - ist
65. eu - ich
66. eu sunt - ich bin
67. eu voi (+verb) - ich werde
68. face - tut
69. fără - ohne
70. fericit - fröhlicher
71. foarte - sehr
72. în - in
73. în fața - vor
74. îngrijorare, griji, a se îngrijora - Sorge, die
75. interesant - interessant
76. întreg/întreagă, tot/toată - ganz
77. jos - nach unten
78. jucării - Spielzeuge, die

79. la - auf, bei, zu
80. loc - Ort, der
81. luând - spricht
82. magazin - Laden, der
83. mai târziu - später
84. mare - groß
85. mic/mică, puțin - klein
86. mult - viel, viele
87. nu - kein, nicht; nu (+verb) - tue nicht
88. nu este - ist nicht
89. nu face - tut nicht
90. nu îți face griji - keine Sorge
91. o/un - ein
92. pisică - Kater, der
93. poate - vielleicht
94. presupune - nimmt an
95. privește - beobachtet
96. privire, a privi îndelung, a se uita - Blick, der
97. proprietar - Besitzer, der
98. răspunsuri - antwortet
99. respiră - atmend
100. s-a întâmplat - passiert

101. sănătos - gesund
102. săptămână - Woche, die
103. se duce - geht
104. seară - Abend, der
105. și - und
106. și, de asemenea - auch
107. șoarece - Maus, die
108. șobolani, rozătoare - Ratten, die
109. somn, a dormi - schläft
110. spune - sagt
111. stă întins/ă, zace - liegend
112. sunt - bin
113. supărat - traurig
114. surprins/ă, mirat/ă - überrascht
115. tot - alles
116. tot/toată/toți/toate - alle
117. tu, voi - du, Sie
118. unul - ein
119. vaccinuri - Impfungen, die
120. vânzător - Verkäufer, der
121. verb auxiliar de viitor, voință - werden
122. zi - Tag, der

Motanul bolnav

Robert merge la un magazin de animale și cumpără un motan mic. Se bucură foarte mult. Însă peste o săptămână sună la magazinul de animale să le spună că motanul e bolnav - nu aleargă și nu se joacă.

"Ciudat!" spune vânzătorul. "Motanul e perfect sănătos. A primit toate vaccinurile

Der kranke Kater

Robert geht in eine Tierhandlung und kauft einen kleinen Kater. Er freut sich sehr. Aber eine Woche später ruft Robert die Tierhandlung an und sagt, dass der Kater krank sei. Er renne nicht und spiele nicht.

„Das ist seltsam!", sagt der Verkäufer. „Der Kater ist komplett gesund. Er hat alle

necesare! Îmi amintesc bine ce motan fericit era."

"Şi eu sunt foarte surprins!" spune Robert. "Însă acum stă toată ziua în acelaşi loc şi aproape că nu se mişcă deloc."

"Poate doar îi place să doarmă mult?" presupune vânzătorul.

"Nu, nu doarme," răspunde Robert trist. "Doar zace şi nu se mişcă. Vine doar uneori în bucătărie să mănânce. Dar apoi se întinde din nou şi nu se mai ridică."

Proprietarul magazinului de animale îşi dă seama că Robert este foarte supărat.

"Nu vă faceţi griji, am să trec astăzi pe la dumneavoastră să văd ce s-a întâmplat cu motanul," îi spune acesta.

Seara, merge acasă la Robert să vadă motanul şi îşi dă seama că Robert spune adevărul. Motanul nu aleargă şi nu se joacă. Stă doar întins şi aproape că nici nu se mişcă... iar în faţa lui se află o cuşcă mare cu două rozătoare - celelalte două animale de companie ale lui Robert. Motanul stă pe podea şi aproape că nu respiră - priveşte rozătoarele cu atenţie, fără să-şi ia ochii de la ele.

"Ah," spune proprietarul magazinului de animale. "Desigur, totul e limpede acum. De ce ar alerga şi s-ar juca, dacă are cele mai interesante jucării chiar aici? Ce motan ar lăsa de bună voie un şoarece în pace?"

vorgeschriebenen Impfungen bekommen! Ich kann mich gut daran erinnern, was für ein fröhlicher Kater er war."

„Ich bin auch sehr überrascht!", sagt Robert. „Aber jetzt liegt er den ganzen Tag nur an einem Ort und bewegt sich kaum."

„Vielleicht schläft er viel?", nimmt der Besitzer der Tierhandlung an.

„Nein, er schläft nicht", antwortet Robert traurig. „Er liegt nur herum und bewegt sich nicht. Er kommt nur manchmal in die Küche um zu fressen. Aber dann legt er sich wieder hin und steht nicht auf."

Der Besitzer der Tierhandlung merkt, dass Robert sehr traurig ist.

„Keine Sorge. Ich werde heute bei Ihnen vorbeikommen und werde nachsehen, was mit dem Kater passiert ist", sagt er.

Er kommt am Abend zu Robert nach Hause und sieht sich den Kater an. Er sieht, dass Robert die Wahrheit sagt. Der Kater rennt nicht und spielt nicht. Er liegt nur herum und bewegt sich kaum... und vor ihm steht ein großer Käfig mit zwei Ratten - Roberts anderen Haustieren. Der Kater liegt am Boden und atmet kaum - er beobachtet die Ratten ganz genau, ohne seinen Blick von ihnen zu wenden.

„Oh", sagt der Besitzer der Tierhandlung. „Jetzt ist natürlich alles klar. Warum sollte er herumrennen und spielen, wenn das interessanteste Spielzeug gleich hier ist. Welcher Kater würde freiwillig eine Maus alleine lassen?"

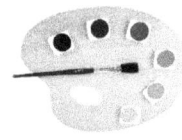

2

Hamsterul s-a salvat singur
Der Hamster rettete sich selbst

A

Vocabular
Vokabeln

1. a avea - haben
2. a cumpăra - kaufen
3. a da, a oferi - schenken
4. a dormi, somn - schlafen
5. (a face) cunoștință (cu) - bekannt
6. a îmbunătăți - aufhellen
7. a lui Robert - Roberts
8. a mea, al meu - meine
9. a mulțumi - danken
10. a noastră, al nostru, ai noștri, ale noastre - unsere
11. a oferi - anbieten
12. a plăcea, precum, ca - gerne etwas tun
13. a putea - können
14. a râde - lachen
15. a se teme - Angst haben

16. a spera, speranță - hoffe
17. a suferi, a face rău - weh tun
18. a vizita, vizită - besucht
19. a vrea - wollen
20. acest/acesta, această/aceasta - diese
21. acești/a, aceste/a - diese
22. activ, plin de viață - aktiv
23. acvariu - Aquarium, das
24. adormit, a adormi - schläft
25. aduce - bringt
26. afară - draußen
27. ajutor, a ajuta - helfen
28. animal - Tier, das
29. Annei, acasă la Ann - Anns
30. apă - Wasser, das
31. arată - schaut an, zeigt
32. bea - trinkt
33. bolnav/ă - krank
34. bun, bună, bine - gut
35. bună, salut - hallo
36. cadou, prezent - Geschenk, das
37. cadouri - Geschenke, die
38. cameră - Zimmer, das
39. casă - Haus, das
40. caz - Fall, der
41. ceașcă - Trinkschale, die
42. ceva - etwas
43. chiar - sogar, wirklich
44. comun, obișnuit - gemeinsam
45. crede - denkt
46. cu toate acestea, oricum, totuși - jedoch
47. cum - wie
48. de asemenea, și - auch
49. de băut - trinkend
50. de către - bei, an
51. de obicei - normalerweise
52. deja - schon
53. departe, plecat - weg
54. despre - über
55. dimineață - Morgen, der
56. dispoziție, stare de spirit - Stimmung, die
57. doarme - schlafend, schläft
58. dulciuri - Süßigkeiten, die
59. ea - sie
60. ea însăși - sich
61. eu aș - ich würde
62. exact, tocmai - genau
63. face o vizită - besucht
64. fiecare - jeden
65. flori - Blumen, die
66. fructe - Früchte, die
67. hamster - Hamster, der
68. îi pare rău - tut ihr leid
69. îi place - gerne haben
70. îmbrățișează - umarmt
71. imediat - sofort
72. în - in
73. încă, nemișcat - immer noch
74. începe - beginnt
75. însuși, însăși - sich
76. își dă seama, realizează - merkt
77. liniște - leise
78. mai bine - besser
79. mereu, întotdeauna - immer
80. mult - viel

81. nevoie, a fi/avea nevoie - brauche
82. noapte - Nacht, die
83. noi - wir
84. nou/ă, noi - neu
85. numit - heißt
86. pat - Bett, das
87. pe ea, al/a/ai/ale ei - sie, ihr
88. pe el, lui - ihn, ihm
89. pe mine, mie - mir, mich
90. pentru - für
91. pentru alergat - Laufen, das
92. pește - Fisch, der
93. poveste - Geschichte, die
94. prieteni - Freunde, die
95. privește lung, se holbează - starrt
96. râde - lacht
97. râzând, să râdă - lachend
98. roată - Laufrad, das
99. salvat - gerettet
100. sau - oder
101. se curăță - putzt sich
102. se dă jos, coboară - kommt aus
103. se pare - es scheint
104. se trezește - wacht auf
105. (se) simte, (i se) pare - fühlt
106. spune - erzählt
107. stă, șede - sitzt, setzt sich
108. știe - weiß
109. stop, a se opri - aufhören
110. sunt - bin
111. surpriză - überraschen
112. tare, zgomotos, copios - laut
113. târziu - spät
114. tău, ta, tăi, tale, vostru, voastră, voștri, voastre - dein
115. tu ești, voi sunteți - du bist, Sie sind
116. un, o - ein
117. urmărește - verjagt
118. vede - sieht
119. vine - kommt
120. voios, voioasă, voioși, voioase - fröhlich
121. vrea - will
122. zâmbește - lächelt

B

Hamsterul s-a salvat singur

Prietena lui Robert, Ana, este bolnavă. Robert îi face Anei în fiecare zi câte o vizită. Câteodată îi duce și cadouri. De obicei flori, fructe sau dulciuri. Dar astăzi vrea să îi facă o surpriză. Robert știe că Anei îi plac mult animalele. Ana are deja un motan pe nume Tom. Totuși, Tom stă de obicei pe afară, iar Robert vrea să-i dăruiască Anei un animal

Der Hamster rettete sich selbst

Roberts Freundin Ann ist krank. Robert besucht Ann jeden Tag. Manchmal bringt Robert ihr Geschenke. Normalerweise bringt er ihr Blumen, Früchte oder Süßigkeiten. Aber heute möchte er sie überraschen. Robert weiß, dass Ann Tiere sehr gerne hat. Ann hat bereits einen Kater, der Tom heißt. Tom ist jedoch normalerweise draußen. Und Robert möchte

care să fie mereu acasă. Aşadar, Robert merge la un magazin de animale.

"Bună ziua," spune Robert unui vânzător din magazinul de animale.

"Bună ziua," răspunde vânzătorul. "Cu ce vă pot ajuta?"

"Aş dori să cumpăr un animal pentru prietena mea," spune Robert. Vânzătorul cade pe gânduri.

"Vă pot oferi un acvariu cu peşti," spune vânzătorul. Robert se uită la acvariul cu peşti.

"Nu, peştii sunt prea tăcuţi, iar Ana e voioasă şi plină de viaţă," răspunde Robert. Vânătorul zâmbeşte.

"În acest caz, prietena dumneavoastră se va bucura să primească acest animal," spune vânzătorul şi îi arătă un mic hamster. Robert zâmbeşte.

"Aveţi dreptate," spune Robert. "Este exact ceea ce îmi trebuie!"

Robert cumpără doi hamsteri şi o cuşcă. Cuşca hamsterilor are tot ce trebuie - un vas pentru apă, o roată pentru alergat, chiar şi un pătuţ.

Seara, Robert merge la Ana.

"Bună, Ana," zice Robert. "Ce mai faci?"

"Bună, Robert," răspunde Ana. "Mă simt mult mai bine astăzi."

"Ana, chiar aş vrea să te fac să te simţi mai bine," spune Robert. "Sper să-ţi placă acest cadou."

Ana îl priveşte pe Robert surprinsă, iar Robert îi arată cuşca cu hamsteri. Ana începe să râdă. Îl îmbrăţişează pe Robert.

"Mulţumesc, Robert! Îmi plac hamsterii foarte mult. Câteodată mi se pare că avem câte ceva în comun," spune Ana. Robert râde şi el.

Seara târziu, Robert pleacă acasă, iar Ana merge şi ea la culcare. Motanul Tom intră în camera Anei.

Ann ein Tier schenken, dass immer zu Hause ist. Robert geht in eine Tierhandlung.

„Hallo", sagt Robert zu einem Verkäufer in der Tierhandlung.

„Hallo", antwortet der Verkäufer. „Wie kann ich Ihnen helfen?"

„Ich würde gerne ein Tier für meine Freundin kaufen", sagt Robert. Der Verkäufer denkt nach.

„Ich kann Ihnen ein Aquarium mit Fischen anbieten", sagt der Verkäufer. Robert schaut das Aquarium mit den Fischen an.

„Nein. Ein Fisch ist zu leise, und Ann ist fröhlich und aktiv", antwortet Robert. Der Verkäufer lächelt.

„In diesem Fall wird sich Ihre Freundin über dieses Tier freuen", sagt der Verkäufer und zeigt einen kleinen Hamster. Robert lächelt.

„Sie haben recht", sagt Robert. „Das ist genau was ich brauche!"

Robert kauft zwei Hamster. Er kauft auch einen Käfig. Im Hamsterkäfig gibt es alles - eine Trinkschale, ein Rad zum Laufen, und sogar einen kleinen Schlafplatz.

Am Abend geht Robert zu Ann.

„Hallo Ann", sagt Robert. „Wie geht es dir?"

„Hallo Robert", antwortet Ann. „Heute geht es mir schon viel besser."

„Ann, ich möchte wirklich gerne deine Stimmung aufhellen", sagt Robert. „Ich hoffe, du magst dieses Geschenk."

Ann sieht Robert überrascht an. Robert zeigt Ann den Käfig mit den Hamstern. Ann beginnt zu lachen. Sie umarmt Robert.

„Danke, Robert!" Ich mag Hamster sehr. „Manchmal habe ich das Gefühl, dass wir etwas gemeinsam haben", sagt Ann. Robert lacht auch.

Spät am Abend geht Robert nach Hause. Ann geht zu Bett. Der Kater Tom kommt in Anns

"Tom, fă cunoştinţă cu noii noştri prieteni - hamsterii Willy şi Dolly," îi spune Ana motanului.

Tom se aşează lângă cuşcă şi priveşte insistent hamsterii. Dolly deja doarme, iar Willy aleargă pe roată.

"Tom, să nu le faci rău noilor noştri prieteni. Noapte bună tuturor!" spune Ana, după care se culcă.

A doua zi dimineaţă, Ana se trezeşte şi îl obervă pe Tom stând lângă cuşcă. Dolly se curăţă, iar Willy încă aleargă pe roată. Ana îşi dă seama că motanul stătuse lângă cuşcă toată noaptea, privindu-l pe Willy, iar acestuia i-a fost teamă să se oprească din alergat. Anei i se face milă de Willy. Îl alungă pe Tom de lângă cuşcă, iar Willy coboară de pe roată, merge la bolul cu apă şi bea, după care hamsterul se prăbuşeşte imediat şi adoarme. Doarme toată ziua. Seara, Robert vine la Ana, iar ea îi povesteşte totul. Robert şi Ana se veselesc copios, iar hamsterul Willy se trezeşte şi îi priveşte insistent.

Zimmer.

„Tom, mach dich bekannt. Das sind unsere neuen Freunde - die Hamster Willy und Dolly", erzählt Ann dem Kater.

Tom setzt sich neben den Käfig und starrt die Hamster an. Dolly schläft bereits und Willy rennt im Laufrad.

„Tom, tu unseren neuen Freunden nicht weh. Schlaft gut", sagt Ann. Ann geht schlafen.

Am nächsten Morgen wacht Ann auf und sieht, dass Tom neben dem Käfig sitzt. Dolly putzt sich und Willy rennt immer noch im Laufrad. Ann merkt, dass der Kater die ganze Nacht bei dem Käfig gesessen ist und Willy beobachtet hat. Und Willy hatte Angst aufzuhören zu rennen. Willy tut Ann leid. Sie verjagt Tom vom Käfig. Willy kommt aus dem Laufrad, geht zur Trinkschale und trinkt. Der Hamster fällt sofort danach um und schläft ein. Er schläft den ganzen Tag. Am Abend kommt Robert und Ann erzählt ihm die Geschichte vom Hamster. Robert und Ann lachen laut. Der Hamster Willy wacht auf und starrt sie an.

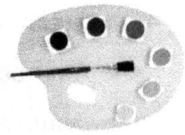

3

Un erou
Ein Retter

 A

Vocabular
Vokabeln

1. a întâlni - treffen
2. a înțelege, a-și da seama - versteht
3. a mârâi - Knurren, das
4. a mușca - beißen
5. a plimba câinele - mit dem Hund Gassi gehen
6. a ține - halten
7. a-i păsa - kümmerst
8. al/a/ai/ale lor/lui - ihr, ihre, sein; al/a/ai/ale pisicii/motanului - seines Katers
9. aleargă - rennt
10. alergare - joggen
11. alt, altul/altă, alta - einem anderen
12. animale de companie - Haustilere, die
13. atacă - attackiert
14. câine - Hund, der
15. cap - Kopf, der
16. cel mai aproape/apropiat - nächsten
17. cheamă - nennt
18. copac - Baum, der

19. curajos - tapfere
20. dacă - wenn
21. de parcă - wie
22. dimineață - Morgen, der
23. din apropiere, din vecinătate - in der Nachbarschaft
24. după - nach
25. erai, eram, erați, erau - wärst
26. erou, salvator - Retter, der
27. facultate - College, das
28. fată - Mädchen, das
29. furios - wild, wütend
30. ghepard - Gepard, der
31. gustos - lecker
32. îi place, iubește - liebt
33. îi trebuie - braucht
34. înapoi - zurück
35. încet, fără zgomot - leise
36. înclinat - geneigt
37. înspre - zu
38. întreabă - fragt
39. la început, primul - ersten
40. lesă - Leine, die
41. mâncare - Futter, das
42. mârâie - knurrt
43. merge, plimbă - gehend, spazierend
44. moment, clipă - Moment, der
45. nu pot - kann nicht
46. nume - Name, der
47. numit - heißt
48. parc - Park, der
49. parte - Seite, die
50. prieten - Freund, der
51. privește - beobachtet
52. problemă - Problem, das
53. proprietarii - Besitzer, die
54. ramură - Ast, der
55. repede - schnell
56. rudă - Verwandte, der
57. sare - springt
58. Scuzați-mă - Entschuldigen Sie
59. se petrece, se întâmplă - passiert
60. se urcă, se cațără - klettert
61. supermarket - Supermarkt, der
62. timp, moment - Zeit, die
63. țipă, strigă, plânge - schreit
64. uită - vergisst
65. unii/unele - einige
66. viteză - Geschwindigkeit, die

 B

Un erou

Și David, prietenul lui Robert, are un motan. Își iubește motanul foarte mult. Numele lui este Marte, dar David îi spune "Buddy". David merge în fiecare zi după școală la supermarket pentru a cumpăra mâncare

Ein Retter

Roberts Freund David hat auch einen Kater. Er liebt seinen Kater sehr. Der Name seines Kater ist Mars. David nennt ihn „Buddy". David geht jeden Tag nach dem College in den Supermarkt, um leckeres Futter für den Kater zu kaufen. An

3

Un erou
Ein Retter

 A

Vocabular

Vokabeln

1. a întâlni - treffen
2. a înțelege, a-și da seama - versteht
3. a mârâi - Knurren, das
4. a mușca - beißen
5. a plimba câinele - mit dem Hund Gassi gehen
6. a ține - halten
7. a-i păsa - kümmerst
8. al/a/ai/ale lor/lui - ihr, ihre, sein; al/a/ai/ale pisicii/motanului - seines Katers
9. aleargă - rennt
10. alergare - joggen
11. alt, altul/altă, alta - einem anderen
12. animale de companie - Haustilere, die
13. atacă - attackiert
14. câine - Hund, der
15. cap - Kopf, der
16. cel mai aproape/apropiat - nächsten
17. cheamă - nennt
18. copac - Baum, der

19. curajos - tapfere
20. dacă - wenn
21. de parcă - wie
22. dimineață - Morgen, der
23. din apropiere, din vecinătate - in der Nachbarschaft
24. după - nach
25. erai, eram, erați, erau - wärst
26. erou, salvator - Retter, der
27. facultate - College, das
28. fată - Mädchen, das
29. furios - wild, wütend
30. ghepard - Gepard, der
31. gustos - lecker
32. îi place, iubește - liebt
33. îi trebuie - braucht
34. înapoi - zurück
35. încet, fără zgomot - leise
36. înclinat - geneigt
37. înspre - zu
38. întreabă - fragt
39. la început, primul - ersten
40. lesă - Leine, die
41. mâncare - Futter, das
42. mârâie - knurrt
43. merge, plimbă - gehend, spazierend
44. moment, clipă - Moment, der
45. nu pot - kann nicht
46. nume - Name, der
47. numit - heißt
48. parc - Park, der
49. parte - Seite, die
50. prieten - Freund, der
51. privește - beobachtet
52. problemă - Problem, das
53. proprietarii - Besitzer, die
54. ramură - Ast, der
55. repede - schnell
56. rudă - Verwandte, der
57. sare - springt
58. Scuzați-mă - Entschuldigen Sie
59. se petrece, se întâmplă - passiert
60. se urcă, se cațără - klettert
61. supermarket - Supermarkt, der
62. timp, moment - Zeit, die
63. țipă, strigă, plânge - schreit
64. uită - vergisst
65. unii/unele - einige
66. viteză - Geschwindigkeit, die

B

Un erou

Și David, prietenul lui Robert, are un motan. Își iubește motanul foarte mult. Numele lui este Marte, dar David îi spune "Buddy". David merge în fiecare zi după școală la supermarket pentru a cumpăra mâncare

Ein Retter

Roberts Freund David hat auch einen Kater. Er liebt seinen Kater sehr. Der Name seines Kater ist Mars. David nennt ihn „Buddy". David geht jeden Tag nach dem College in den Supermarkt, um leckeres Futter für den Kater zu kaufen. An

bună pentru motan. Într-o zi, Robert îi spune lui David: "Ții la motanul tău de parcă ți-ar fi rudă."

David zâmbește și îi spune lui Robert povestea motanului. În fiecare dimineață, David merge la alergat în parcul din apropierea casei lui. Tot atunci, proprietarii de animale de companie își plimbă animalele în parc. Odată, David obervă o fată alergând spre el cu un câine mare în lesă.

"Domnule, domnule!" strigă fata.

David crede că fata are o problemă și că are nevoie de ajutor. Așa că merge repede în întâmpinarea ei.

"Ce s-a întâmplat?" întreabă David, în timp ce fata și câinele aleargă spre el.

"Scuzați-mă, domnule, dar câinele meu o să vă muște, chiar acum! Nu pot să-l stăpânesc," spune fata.

Inițial, David nu înțelege ce se petrece. Însă atunci când câinele îl atacă și începe să mârâie furios, David o ia la fugă spre cel mai apropiat copac, cu viteza unui ghepard. În acel moment, un motan mare sare din copac și fuge într-o parte. Câinele uită pe loc de David și pornește în urmărirea motanului, mârâind. Motanul aleargă repede spre alt copac și se cațără în el. Câinele sare și mârâie furios, dar nu poate să prindă motanul din copac. Apoi, motanul se așează liniștit pe o ramură și, cu capul ușor înclinat, urmărește în tihnă cățelul. Acum, acel motan curajos se numește Marte.

einem Tag sagt Robert zu David: „Du kümmerst dich um deinen Kater, als ob du mit ihm verwandt wärst."

David lächelt und erzählt ihm seine Geschichte. Jeden Morgen geht David im Park in der Nachbarschaft joggen. Zu dieser Zeit gehen die Haustierbesitzer mit ihren Haustieren im Park Gassi. Einmal sieht David ein kleines Mädchen auf ihn zurennen, das einen großen Hund an der Leine hat.

„Herr, Herr!", schreit das Mädchen. David glaubt, dass das Mädchen ein Problem hat und Hilfe braucht. Er geht schnell, um das Mädchen mit dem Hund zu treffen.

„Was ist passiert?" fragt David. Das Mädchen und der Hund rennen zu David.

„Entschuldigen Sie, Herr, aber mein Hund wird Sie gleich beißen! Ich kann ihn nicht aufhalten", sagt das Mädchen. Im ersten Moment versteht David nicht, was gerade passiert. Aber als der Hund ihn angreift und wild knurrt, rennt David mit der Geschwindigkeit eines Geparden zum nächsten Baum. In diesem Moment springt ein großer Kater aus dem Baum und rennt auf die Seite. Der Hund vergisst David sofort und jagt knurrend den Kater. Der Kater rennt schnell zu einem anderen Baum und klettert auf ihn. Der Hund springt mit einem wütenden Knurren, aber er kann den Kater im Baum nicht erwischen. Dann legt sich der Kater leise auf einen Ast und beobachtet, mit dem Kopf zur Seite geneigt, still den Hund. Der tapfere Kater heißt jetzt Mars.

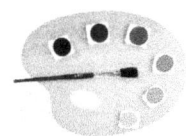

4

O bonă cu coadă

Ein Kindermädchen mit Schweif

A

Vocabular

Vokabeln

1. a face - machen
2. a lăsa, a permite - lässt
3. ajută - hilft
4. al zecelea/a zecea - zehnten
5. apartament - Wohnung, die
6. ascultător - gehorsam
7. calm, liniștit - ruhig
8. canapea - Sofa, das
9. coadă - Schweif, der
10. copil - Kind, das
11. crede, are impresia, bănuiește - glaubt
12. deși, totuși - obwohl
13. devine - wird
14. face - macht

15. femeie - Frau, die	31. neliniștit - unruhig
16. fiu - Sohn, der	32. niciodată - nie
17. folosește - benutzt	33. observă - bemerkt
18. ia - nimmt	34. păsări - Vögel, die
19. în plus, - außerdem	35. plăcere - Vergnügen, das
20. în ultima vreme, recent - in letzter Zeit	36. podea - Boden, der
21. înțelege, își dă seama - versteht	37. prânz - Mittagessen, das
22. întreabă - bittet	38. prinde - fängt
23. întredeschis - einen Spalt offen stehen	39. scări - Stiegen, die
24. lift - Aufzug, der	40. se joacă - spielt
25. locuiește - lebt	41. (se) întoarce - kommt zurück
26. locuind - Wohnzimmer, das	42. șoareci - Mäuse, die
27. mai gras - dicker	43. tânăr/ă - jung
28. mângâie - streichelt	44. treburi (de-ale casei) - Hausarbeit, die
29. miaună - miaut	45. undeva - irgendwo
30. mic - kleines	46. ușă - Tür, die

B

O bonă cu coadă

Motanul Marte este foarte ascultător și liniștit, deși, în ultima vreme, mereu iese și fuge undeva. David observă că Marte e din ce în ce mai gras pe zi ce trece. David bănuiește că motanul prinde păsări și șoareci. Într-o zi, David vine acasă; locuiește la etajul zece, dar nu folosește niciodată liftul. Urcă scările și observă că ușa de la un apartament vecin este întredeschisă. Acolo, observă o femeie tânără care curăță podeaua din sufragerie. David o cunoaște. Numele ei este Maria. Pe canapeaua din sufragerie stă un copilaș care îl mângâie pe motanul Marte. Marte miaună de plăcere.

"Bună ziua, Maria. Vă rog să mă cuzați, dar ce caută motanul meu la dumneavoastră

Ein Kindermädchen mit Schweif

Der Kater Mars ist sehr gehorsam und ruhig, obwohl er in letzter Zeit immer irgendwo hinrennt. David bemerkt, dass Mars jeden Tag dicker wird. David glaubt, dass der Kater Vögel und Mäuse fängt. Eines Tages kommt David nach Hause; er lebt im zehnten Stock, aber benutzt nie den Aufzug. Er geht die Treppe hinauf und sieht, dass die Tür zur Nachbarwohnung einen Spalt offen steht. David sieht eine junge Frau, die den Boden des Wohnzimmers aufwäscht. David kennt sie. Ihr Name ist Maria. Ein kleines Kind sitzt gerade auf dem Sofa im Wohnzimmer und streichelt den Kater Mars. Mars miaut mit Vergnügen.

„Guten Abend, Maria. Entschuldigen Sie bitte, was macht mein Kater in Ihrer Wohnung?", fragt

acasă?" o întreabă David pe femeie.

"Bună ziua, David. Știți, copilul meu e foarte agitat. Nu mă lasă să-mi fac treburile. Fiul meu mereu mă roagă să mă joc cu el. Motanul dumneavoastră mă ajută. Se joacă cu fiul meu," răspunde Maria. David izbucnește în râs.

"Și, în plus, mereu se alege cu un prânz gustos din partea mea!" spune femeia.

Acum David înțelege de ce motanul lui devine tot mai gras pe zi ce trece.

David die Frau.

„Guten Tag, David. Wissen Sie, mein Kind ist sehr unruhig. Es lässt mich nicht die Hausarbeit machen. Mein Sohn bittet mich immer, mit ihm zu spielen. Ihr Kater hilft mir. Er spielt mit meinem Sohn", antwortet Maria. David lacht.

„Außerdem bekommt er immer ein leckeres Mittagessen von mir!", sagt die Frau.

David versteht jetzt, warum sein Kater jeden Tag dicker und dicker wird.

5

Un motan vorbitor
Ein sprechender Kater

 A

Vocabular

Vokabeln

1. a angaja - einstellen
2. a auzi - hören
3. a cădea - einschlafen
4. a hrăni - füttern
5. a se duce, a merge - gehen
6. a vorbi - sprechen
7. același, aceeași, aceiași, aceleași - gleichen
8. adevărat - wahr
9. al/a/ai/ale păpușii - Puppenbett, das
10. apasă - drückt
11. aproape, în jur de - herum
12. aruncând o privire - in den Augen behalten
13. asta e - das ist, so
14. aude - hört
15. autoritar - fordernde
16. auzit - wird gehört
17. (ba) mai mult - zudem
18. bătrân, vechi - alt
19. blând, bun, simpatic - nette
20. bonă - Kindermädchen, das

21. cere, pretinde - fordert
22. cineva - jemandem
23. clar, distinct, limpede - deutlich
24. colţ - Ecke, die
25. continuă - behält
26. convinge - überzeugt
27. copii - Kinder, die
28. cu atenţie - aufmerksam
29. cu nemulţumire, cu reproş - unzufrieden
30. dă, oferă - gibt
31. decide - entscheidet
32. dintr-o dată, brusc - plötzlich
33. direct - direkt
34. ei, ele - sie
35. expresie - Satz, der
36. face cruce - bekreuzigt
37. în curând - bald
38. în timp ce - während
39. începe - beginnt
40. îndoială - zweifeln
41. întoarce - dreht
42. iubeşte - liebt
43. joacă - gespielt

44. lucrând, muncind - arbeiten
45. mai întâi - ersten
46. minte, cap - Verstand, der
47. mulţumit, satisfăcut - zufriedene
48. nimeni - niemand
49. nu mai - nicht mehr
50. obosit - müde
51. până - bis
52. păpuşă - Puppe, die
53. precauţie, atenţie - Vorsicht, die
54. priveşte - sieht
55. repetă - wiederholt
56. sare - springt
57. se sperie - bekommt Angst
58. speriat, înspăimântat - verängstigter
59. stă - bleibt
60. stă întins - liegt
61. ton, voce - Ton, der
62. uman, om - menschlichen
63. vis - Traum, der
64. voce - Stimme, die
65. vorbeşte - sprechend
66. vorbeşte - spricht

B

Un motan vorbitor

Într-o zi, Maria se decide să angajeze o bonă pentru copilul ei. Noua bonă este o bătrânică simpatică. Iubeşte copiii foarte mult. În prima zi de lucru la Maria, bona rămâne acasă cu copilul.

Ein sprechender Kater

Eines Tages entscheidet sich Maria ein Kindermädchen für ihr Kind einzustellen. Das neue Kindermädchen ist eine nette alte Frau. Sie hat Kinder sehr gerne. Am ersten Tag, an dem sie bei Maria arbeitet, bleibt das Kindermädchen bei dem Kind zu Hause. Nur der Kater Mars ist

Doar motanul Marte era cu ei. După plimbare şi după joacă, bona duce copilul la culcare. Este obosită, aşa că decide să se culce şi ea. Însă imediat ce aţipeşte, cineva dintr-un colţ al camerei strigă tare: "Dă-mi să mănânc!"

Bona sare surprinsă. Se uită în stânga şi în dreapta - nu este nimeni acolo. Doar motanul Marte stă într-un colţ, într-un pat de păpuşă. Motanul o priveşte pe bonă nemulţumit.

Bona decide că n-a fost decât un vis şi vrea să se întoarcă la somn. Dar apoi, din acelaşi colţ al camerei, aude limpede pe cineva vorbind din nou: "Vreau să mănânc!"

Bona îşi întoarce capul - motanul se uită, cu atenţie şi nemulţumire, direct la ea. Bătrâna începe să se sperie. Se uită la motan o vreme, când dintr-o dată, dinspre el, se aude din nou vocea autoritară: "Dă-mi ceva să mănânc!"

Bătrâna îşi face cruce, pentru orice eventualitate, şi merge în bucătărie. Apoi îi dă motanului ceva de mâncare. Până seara, femeia îi tot aruncă motanului câte o privire, cu precauţie. Dar motanul, acum mulţumit, doarme şi nu mai vorbeşte.

Maria se întoarce acasă seara, iar bătrâna îi povesteşte, speriată, că motanul vorbeşte cu voce de om şi cere de mâncare. Maria este foarte surprinsă. Începe să se îndoiască de faptul că noua bonă este sănătoasă la cap. Dar bona încearcă să o convingă că totul e adevărat.

"Aşa s-a întâmplat!" spune bona. "Aici stătea motanul, în colţ, pe patul păpuşii, şi-mi spunea: 'Dă-mi ceva de mâncare!' Ba mai şi repeta!" spune bona.

Şi, dintr-o dată, Maria îşi dă seama ce s-a întâmplat. Se duce la patul păpuşii, de unde luă o păpuşă mică. Maria apasă pe ea şi amândouă femeile aud aceeaşi expresie: "Vreau să mănânc!"

bei ihnen. Nachdem sie spazieren waren und gespielt haben, bringt das Kindermädchen das Kind ins Bett. Sie ist müde und beschließt auch schlafen zu gehen. Aber sobald sie beginnt einzuschlafen, sagt plötzlich jemand laut in einer Ecke des Zimmers: „Füttere mich!"

Das Kindermädchen springt überrascht auf. Sie sieht sich um - aber es ist niemand da. Nur der Kater Mars liegt in der Ecke auf einem Puppenbett. Der Kater Mars sieht das Kindermädchen unzufrieden an.

Das Kindermädchen beschließt, dass sie nur geträumt hat und will wieder schlafen gehen. Aber aus der gleichen Ecke hört sie wieder deutlich: „Ich möchte essen!"

Das Kindermädchen dreht sich um - der Kater schaut aufmerksam und unzufrieden direkt in ihre Richtung. Die alte Frau bekommt Angst. Sie sieht den Kater eine Zeit lang an, als plötzlich wieder die fordernde Stimme von ihm kommt: „Gib mir etwas zu essen!"

Sie bekreuzigt sich, für alle Fälle, und geht in die Küche. Sie gibt dem Kater etwas zu fressen. Sie ist vorsichtig und behält den Kater Mars bis zum Abend in den Augen. Aber der zufriedene Kater schläft und spricht nicht mehr.

Maria kommt am Abend zurück nach Hause und die alte Frau erzählt ihr mit verängstigter Stimme, dass der Kater mit einer menschlichen Stimme spreche und Futter fordere. Maria ist sehr überrascht. Sie beginnt daran zu zweifeln, dass das neue Kindermädchen ganz bei Verstand ist. Aber das Kindermädchen überzeugt sie davon, dass die Geschichte wahr ist.

„So war es!", sagt das Kindermädchen. „Hier in dieser Ecke, im Puppenbett, saß der Kater und sagte zu mir ‚Gib mir etwas zu essen!' Und noch dazu hat er es wiederholt!", sagt das Kindermädchen.

Und plötzlich versteht Maria, was passiert war. Sie geht zum Puppenbett und nimmt eine kleine Puppe heraus. Maria drückt die Puppe und sie hören den gleichen Satz: „Ich möchte essen!"

6

Oaspetele somnoros
Schläfriger Gast

A

Vocabular

Vokabeln

1. a aduna - sammeln
2. a continuat - geht weiter
3. a devenit - wurde
4. a dormi bine, a se odihni - durchschlafen
5. a fi - sein

6. a lua - nehmen
7. a şti - weiß
8. al/a/ai/ale câinelui - des Hundes
9. ani - Jahre, die
10. ataşat - befestigt
11. bine hrănit - gut gefüttert

12. bun, frumos - hervorragend, großartig
13. câteva, câţiva - einige
14. cine - wer
15. curios - neugierig
16. curte - Hof, der
17. este - es ist
18. fără casă, fără stăpân, vagabond - streunender
19. galben - gelb
20. grămadă - Bund, der
21. în cele din urmă, în final, în sfârşit - schließlich
22. încă - schon
23. încearcă - versucht
24. încet, tiptil - langsam
25. mâine - morgen
26. mijloc - Mitte, die
27. notă, bilet - Notiz, die
28. nu sunt - sind nicht
29. oaspete - Gast, der
30. plimbare - Spaziergang, der
31. răspuns - antwort
32. şase - sechs
33. se apropie - kommt auf ihn zu
34. somnoros, adormit - schläfrig
35. studii, cursuri - Studien, die
36. toamnă - Herbst, der
37. trei - drei
38. unde - wo
39. universitate - Universität, die
40. următor/următoare - folgendem
41. urmează, se ţine după - folgt
42. venind - kommt
43. vreme - Wetter, das
44. zgardă, guler - Halsband, das
45. zile - Tage, die

 **B**

Oaspetele somnoros

Ca de obicei, după cursurile de la universitate, Robert iese la plimbare. Vremea e frumoasă azi. E abia mijlocul toamnei. Robert decide să adune nişte frunze galbene. Dintr-o dată, observă un câine bătrân intrând în curte. Pare foarte obosit. Are o zgardă la gât şi este bine hrănit. Aşa că Robert se gândeşte că nu e vagabond şi că stăpânii lui au mare grijă de el. Câinele se apropie fără zgomot de Robert. Robert îl mângâie pe cap, dar deja veni timpul să se întoarcă acasă. Câinele îl urmează. Intră în casă şi se strecoară încet în camera lui Robert. Apoi se întinde într-

Schläfriger Gast

Wie gewöhnlich geht Robert draußen spazieren, nachdem er in der Universität war. Das Wetter ist heute schön. Es ist mitten im Herbst. Robert entscheidet sich einen Bund gelber Blätter zu sammeln. Plötzlich sieht er einen alten Hund, der in den Hof kommt. Er sieht sehr müde aus. Er trägt ein Halsband und ist gut gefüttert. Also dachte sich Robert, dass es kein streunender Hund sei und dass man sich gut um ihn kümmere. Der Hund kommt leise auf Robert zu. Robert streichelt ihn am Kopf. Robert sollte sich schon auf den Heimweg machen. Der Hund folgt ihm. Er geht in das Haus; er geht leise in Roberts Zimmer. Dann legt er sich in eine Ecke und

un colț și adoarme.

A doua zi, câinele vine din nou. Îl întâmpină pe Robert în curte, apoi intră din nou în casă și adoarme în același loc. Doarme timp de aproximativ trei ore. Apoi se ridică și pleacă, nu se știe unde.

Asta continuă așa câteva zile. În cele din urmă, Robert devine curios, așa că atașează un bilet în zgarda câinelui, cu următorul text: "Aș dori să știu cine este stăpânul acestui câine frumos și dacă știți că vine să doarmă la mine aproape în fiecare zi."

A doua zi, câinele vine din nou, cu următorul mesaj atașat de zgardă: "Locuiește într-o casă cu șase copii, dintre care doi nu au împlinit nici măcar trei ani. Încearcă și el să doarmă bine undeva. Pot să vin și eu mâine?"

schläft ein.

Am nächsten Tag kommt der Hund wieder. Er kommt Robert im Hof entgegen. Dann geht er wieder in das Haus und schläft am gleichen Platz ein. Er schläft ungefähr drei Stunden lang. Dann steht er auf und geht weg.

Das geht einige Tage so weiter. Schließlich wird Robert neugierig und befestigt eine Notiz mit folgendem Text am Hundehalsband: „Ich würde sehr gerne wissen, wer der Besitzer dieses hervorragenden Hundes ist, und, ob er weiß, dass der Hund beinahe jeden Tag zu mir kommt, um zu schlafen."

Am nächsten Tag kommt der Hund wieder und hat die folgende Antwort an seinem Halsband befestigt: „Er lebt in einem Haus, in dem es sechs Kinder gibt, und zwei davon sind noch keine drei Jahre alt. Er versucht nur irgendwo durchzuschlafen. Kann ich morgen auch zu Ihnen kommen?"

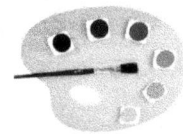

7

Nu e câinele de vină
Der Hund ist nicht schuld

 A

Vocabular
Vokabeln

1. a cânta - singer
2. a culege, a alege - sammeln
3. a fost - gewesen
4. a încuia - sperren
5. a lătrat - bellte
6. a păzi, a veghea, a privi - aufpassen
7. a rămâne, a sta - bleiben
8. a se apropia - kommen näher
9. acum un an, cu un an în urmă - vor einem Jahr
10. an - Jahr, das
11. arhitect - Architekt, der
12. atârnă - hängt
13. bibliotecă - Bibliothek, die
14. cafenea - Café, das
15. cântă - singend
16. căsătorit/ă - verheiratet
17. ciupercă - Pilz, der
18. clădire, construcție - Bau, der

19. conduce - fährt
20. coșuri - Körbe, die
21. cu - mit
22. cu entuziasm - aufgeregt
23. cu veselie, vesel - fröhlich
24. duminică - Sonntag, der
25. familie - Familie, die
26. fereastră, geam - Fenster, das
27. firmă de construcții - Baufirma, die
28. firmă - Firma, die
29. furat - gestohlen
30. găsit - gefunden
31. latră - bellt
32. lipsește - fehlen
33. lipsește - vermisst
34. lucrează - arbeitet
35. mai tânăr/ă, mai mic/ă - jünger
36. mamă - Mutter, die
37. mărime medie, mijlociu - mittlere
38. mașină - Auto, das
39. membri - Mitglieder, die
40. muzică - Musik, die
41. noi, nouă - uns
42. opt - acht
43. ore - Stunden, die
44. oricum - trotzdem
45. pădure - Wald, der
46. primit, devenit - bekommen
47. prin, pe - durch
48. școală - Schule, die
49. secretar/ă - Sekretär/in, der/die
50. soare - Sonne, die
51. soră - Schwester, die
52. soț - Ehemann, der
53. strălucește - scheint
54. toți, toată lumea - alle
55. vinovat - schuldig

B

Nu e câinele de vină

După facultate, David merge la bibliotecă. Seara, se întâlnește cu prietenii lui într-o cafenea. Sora mai mică a lui David, Nancy, are deja opt ani. Merge la școală.

Mama lui David, Linda, lucrează ca secretară. Soțul ei, Cristian, este arhitect la o firmă de construcții. Cristian și Linda s-au căsătorit acum un an. David are un motan pe nume Marte și un câine pe nume Baron.

Azi e duminică. David, Nancy, Linda, Cristian și Baron se duc în pădure să

Der Hund ist nicht schuld

David geht nach dem College in die Bibliothek. Abends trifft er seine Freunde in einem Café. Davids jüngere Schwester Nancy ist schon acht Jahre alt. Sie geht in die Schule.

Davids Mutter, Linda, arbeitet als Sekretärin. Ihr Ehemann Christian arbeitet als Architekt für eine Baufirma. Christian und Linda haben vor einem Jahr geheiratet. David hat einen Kater, der Mars heißt, und einen Hund, der Baron heißt.

Heute ist Sonntag. David, Nancy, Linda, Christian

culeagă ciuperci. David conduce. În mașină e pornită muzica. Tatăl și mama cântă. Baron latră vesel.

Apoi, mașina se oprește. Baron sare din mașină și aleargă în pădure. Sare și se joacă.

"Baron, ar trebui să rămâi aici," îi spuse David. "Ar trebui să păzești mașina, iar noi vom merge în pădure."

Baron se uită cu ochi triști la David, dar, oricum, se întoarce în mașină. Îl încuie în mașină, apoi mama, tatăl, David și Nancy iau coșurile și merg să culeagă ciuperci. Baron privește afară pe fereastra mașinii.

"E bine că îl avem pe Baron. Păzește el mașina și nu trebuie să ne facem griji," spune tatăl.

"Baron e un câine curajos," spune David.

"Vremea e frumoasă astăzi," spune mama.

"Am găsit prima ciupercă!" strigă Nancy.

Toți încep să adune ciuperci, cu entuziasm. Toți membrii familiei sunt într-o bună dispoziție. Păsările cântă iar soarele strălucește. David adună doar ciupercile mari. Mama adună ciuperci mici și mijlocii. Tatăl și Nancy adună ciuperci mari, mici și mijlocii. Culeg ciuperci timp de două ore.

"Trebuie să ne întoarcem la mașină. Îi lipsim lui Baron," spune tatăl. Se duc toți spre mașină. Se apropie de ea.

"Ce e asta?" strigă Nancy. Lipsesc roțile mașinii! Roțile au fost furate! Câinele stă în mașină și își privește speriat familia. De geam atârnă un bilet: "Nu e câinele dumneavoastră de vină. El a lătrat!"

und Baron gehen in den Wald um Pilze zu sammeln. David fährt. Im Auto spielt Musik. Der Vater und die Mutter singen. Baron bellt fröhlich.

Dann bleibt das Auto stehen. Baron springt aus dem Auto und rennt in den Wald. Er springt und spielt.

„Baron, du solltest hier bleiben", sagt David. „Du sollst auf das Auto aufpassen. Und wir werden in den Wald gehen."

Baron sieht David traurig an, aber geht trotzdem zum Auto. Sie sperren ihn ins Auto. Die Mutter, der Vater, David und Nancy nehmen Körbe und gehen Pilze sammeln. Baron schaut durch das Autofenster hinaus.

„Es ist gut, dass wir Baron haben. Er passt auf das Auto auf und wir müssen uns keine Sorgen machen", sagt der Vater.

„Baron ist ein mutiger Hund", sagt David.

„Das Wetter ist heute gut", sagt die Mutter.

„Ich habe den ersten Pilz gefunden!" schreit Nancy.

Jeder beginnt aufgeregt Pilze zu sammeln. Alle Familienmitglieder sind in einer guten Stimmung. Die Vögel singen, die Sonne scheint. David sammelt nur große Pilze. Die Mutter sammelt kleine und mittlere. Der Vater und Nancy sammeln große, mittlere und kleine Pilze. Sie sammeln zwei Stunden lang Pilze.

„Wir müssen zum Auto zurückgehen. Baron vermisst uns", sagt der Vater. Alle gehen zum Auto. Sie kommen näher zum Auto.

„Was ist das?" schreit Nancy. Dem Auto fehlen die Räder! Die Räder wurden gestohlen! Der Hund sitzt im Auto und sieht die Familie mit einem verängstigten Blick an. Eine Notiz hängt am Fenster: „Ihr Hund ist nicht schuld. Er hat gebellt!"

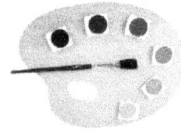

8

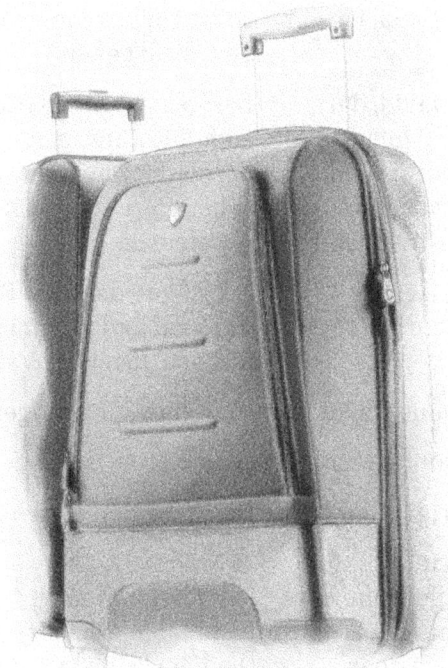

Valizele
Die Koffer

A

Vocabular

Vokabeln

1. a ajunge - kommen an
2. a chema - rufen
3. a duce, a căra, a purta - tragen
4. a se odihni, odihnă, pauză - Pause, die
5. a vinde - verkaufen
6. avut - hatte
7. bagaj - Gepäck, das
8. bine, OK - in Ordnung
9. cărți - Bücher, die
10. ceai - Tee, der
11. cină - Abendessen, das
12. citește - liest

13. compartiment - Abteil, das
14. crezut - dachte
15. cum - wie
16. departe - weit
17. devreme - früh
18. duce, cară, poartă - trägt
19. explică - erklärt
20. geantă, bagaj - Tasche, die
21. grădină - Garten, der
22. împreună - zusammen
23. lângă - neben
24. legume - Gemüse, das
25. luat - nahm
26. lună - Monat, der
27. oraş - Stadt, die
28. peron, platformă - Bussteig, der
29. pescuit - fischen
30. poveşti - Geschichten, die
31. pregăteşte - macht sich auf
32. prezintă - stellt vor
33. râu - Fluss, der
34. şaptezeci - siebzig
35. sigur, convins, desigur - sicher
36. singur/ă - alleine
37. situaţie - Situation, die
38. staţie, gară - Busbahnhof, der
39. taxi - Taxi, das
40. trist - traurig
41. unchi - Onkel, der
42. valize - Koffer, die
43. vară - Sommer, der
44. viaţă - Leben, das
45. voi, vei, va, vom, veţi, vor - sollen

Valizele

În fiecare vară, David merge în vizită la unchiul său Filip. Unchiul Filip locuieşte singur. Are şaptezeci de ani. David şi unchiul Filip merg de obicei să pescuiască la râu dimineaţa devreme. Apoi David îşi ajută unchiul să adune fructe şi legume din grădină. După prânz, David face o pauză şi citeşte cărţi. Seara, David şi unchiul Filip merg să vândă fructele. Apoi iau cina şi stau de vorbă. Unchiul Filip îi spune lui David poveşti despre viaţa lui. De obicei, David stă la unchiul Filip cam o lună, apoi se întoarce acasă.

Vara aceasta, David se întoarce acasă de la unchiul Filip cu autobuzul. În autobuz stă

Die Koffer

Jeden Sommer besucht David seinen Onkel Philippe. Onkel Philippe lebt allein. Er ist siebzig Jahre alt. David und Onkel Philippe gehen normalerweise früh am Morgen am Fluss fischen. Dann hilft David Onkel Philippe Obst und Gemüse im Garten zu sammeln. Nach dem Mittagessen macht David eine Pause und liest Bücher. David und Onkel Philippe gehen am Abend das Obst verkaufen. Dann essen sie zu Abend und reden. Onkel Philippe erzählt David Geschichten aus seinem Leben. Normalerweise bleibt David ein Monat bei Onkel Philippe und fährt danach wieder nach Hause.

David fährt diesen Sommer von Onkel Philippe mit dem Bus nach Hause. Im Bus sitzt er neben

lângă o fată. David face cunoștință cu ea. Numele ei este Ana. Ana locuiește în același oraș cu David, dar departe de casa lui. Ajung în oraș. David o ajută pe Ana să-și ia bagajul din compartimentul de bagaje. Anei i se dau două valize. David o ajută și îi ia valizele.

"Ana, am să te conduc acasă," spune David.

"Bine. Dar tu locuiești departe de mine," răspunde Ana.

"Nu-i nimic, voi lua un taxi," răspunde David. E deja seară, iar David și Ana străbat orașul și povestesc. Ajung la casa Anei, iar David îi duce bagajele în casă. Ana îl prezintă pe David mamei sale.

"Mamă, el este David. David m-a ajutat să car bagajul," spune Ana.

"Bună seara," zice David.

"Bună seara," răspunde mama Anei. "Vrei niște ceai?"

"Nu, mulțumesc, trebuie să plec," spune David și se pregătește să plece.

"David, nu-ți uita valizele," spune mama Anei. David se uită cu mirare la Ana și la mama ei.

"Cum așa? Acestea nu sunt valizele tale?" o întreabă David pe Ana.

"Am crezut că sunt valizele tale," răspunde Ana. Când Ana și-a luat bagajul din compartimentul pentru bagaje, a scos afară două valize. David a crezut că sunt valizele ei. Și Ana a crezut că sunt ale lui David.

"Ce facem acum?" spune David.

"Ar trebui să mergem la gară," răspunde Ana, "și să înapoiem valizele".

Ana și David cheamă un taxi și pleacă spre gară. Acolo văd două fete triste, pe peron. David și Ana merg la ele.

"Scuzați-mă, acestea sunt valizele voastre?" întreabă David, după care le

einem Mädchen. David lernt das Mädchen kennen. Ihr Name ist Ann. Ann lebt in der gleichen Stadt wie David. Aber Ann lebt weit entfernt von seinem Haus. Sie kommen in der Stadt an. David hilft Ann ihr Gepäck aus dem Gepäckraum zu holen. Man gibt Ann zwei Koffer. David hilft ihr und nimmt die Koffer.

„Ann, ich werde dich nach Hause begleiten", sagt David.
„Ok. Aber du lebst weit entfernt von mir", antwortet Ann.
„Egal, dann nehme ich ein Taxi", antwortet David. Es ist schon abends und David und Ann gehen durch die Stadt und reden. Sie kommen zu Anns Haus. David trägt das Gepäck ins Haus. Ann stellt David ihrer Mutter vor.

„Mama, das ist David. David hat mir geholfen, das Gepäck zu tragen", sagt Ann.

„Guten Abend", sagt David.

„Guten Abend", antwortet Anns Mutter. „Möchtest du etwas Tee?"

„Nein, danke. Ich muss gehen", sagt David. Er macht sich auf um zu gehen.

„David, vergiss deine Koffer nicht", sagt Anns Mutter. David sieht Ann und deren Mutter überrascht an.

„Wie ist das möglich? Sind das nicht deine Koffer?", fragt David Ann.

„Ich dachte, das wären deine Koffer", antwortet Ann. Als Ann ihr Gepäck aus dem Gepäckraum bekam, nahm sie die zwei Koffer. David dachte, dass es Anns Koffer wären. Und Ann dachte, dass es Davids Koffer wären.

„Was machen wir denn jetzt?", sagt David.

„Wir sollten zum Busbahnhof gehen", antwortet Ann, „und die Koffer zurückbringen."

Ann und David rufen ein Taxi und fahren zum Busbahnhof. Dort sehen sie zwei traurige Mädchen am Bussteig. David und Ann gehen zu den Mädchen.

„Entschuldigung, sind das eure Koffer?", fragt

explică întreaga situație.

Fetele râd. Fuseseră sigure că cineva le-a furat valizele.

David und erklärt ihnen die ganze Situation.

Die Mädchen lachen. Sie waren sich sicher, dass jemand ihre Koffer gestohlen hatte.

9

Profesorul Leonidas
Professor Leonidas

 A

Vocabular
Vokabeln

1. a avea de gând, a intenționa, a se referi - meinst
2. a ghici, a presupune - Versuch, der
3. a indica a arăta cu degetul - zeigt
4. a participa - besuchen
5. a se pregăti - zubereite
6. a simți - fühlen
7. așteaptă - wartet
8. birou, catedră, bancă (la școală) - Tisch, der
9. cel mai faimos, cel mai cunoscut - berühmteste
10. cel mai tare - am lautesten
11. colegi - Kollegen, die
12. cu pasiune - emotional
13. cursuri - Vorlesungen, die
14. deget - Finger, der

15. departament - Institut, das
16. deși - jedoch
17. dificil, greu - schwierig
18. expresie încruntată - Stirnrunzeln, das
19. faimos, celebru - berühmt
20. fel de mâncare - Gericht, das
21. gânduri - Gedanken, die
22. Grecia - Griechenland, das
23. grozav - großer
24. indiciu - Hinweis, der
25. îndrăzneț - gewagten
26. intră - betreten
27. întrebări - Fragen, die
28. învățat - gelernt
29. istorie - Geschichte, die
30. jurnalism - Journalismus, der
31. liniștit, tăcut - still
32. lung - lange
33. materie, subiect - Unterrichtsfach, das
34. național - national
35. negru - schwarz
36. note - Noten, die
37. nu era - war nicht
38. ochi - Augen, die
39. păr - Haar, das
40. pe ascuns, în secret - heimlich
41. perfect - perfekt
42. poreclă - Spitzname, der
43. predă - unterrichtet
44. principal, important - Haupt
45. probabil - wahrscheinlich
46. profesor - Professor, der
47. puțin/ă, puțini/e - einige
48. rar - selten
49. rege - König, der
50. s-a îndrăgostit - verliebte sich
51. scaun - Stuhl, der
52. Sparta - Sparta
53. strânge - sammelt
54. student/ă - Student/Studentin, der/die
55. subiect, temă, sarcină - Aufgabe, die
56. superb, magnific - großartige
57. tavan - Decke, die
58. test - Test, der
59. test cu întrebări - abprüfen
60. zeu - Gott, der
61. Zeus - Zeus

Profesorul Leonidas

David studiază la facultate în cadrul Institutului de Jurnalism. Profesorul Leonidas predă la Insitutul de Jurnalism. El este grec și predă istorie. Profesorul Leonidas are porecla Zeus, pentru că

Professor Leonidas

David studiert im College, er ist am Institut für Journalismus. Professor Leonidas unterrichtet am Institut für Journalismus. Er ist Grieche und unterrichtet Geschichte. Professor Leonidas hat den Spitznamen Zeus, weil er beim Unterrichten

predă cu multă pasiune şi are un păr lung, superb, şi ochi mari, negri.

Astăzi, David are test la istorie. Îi place materia. Citeşte mult şi ia mereu note bune.

David intră în sală şi trage un subiect de examen. Se aşează în bancă şi rezolvă subiectul. Întrebările nu sunt grele. Lena stă lângă David. Lena rareori participă la cursurile profesorului Leonidas. Ei nu îi place istoria. Aşteaptă să-i vină rândul, apoi Lena merge la catedra profesorului Leonidas şi se aşează pe un scaun.

"Acestea sunt răspunsurile mele la întrebări," îi spune Lena profesorului şi îi dă foaia cu subiectele.

"Bine," spune profesorul privind-o pe Lena. Îşi aminteşte perfect că Lena nu participă la cursurile lui. „Probabil Lena este o studentă bună şi învaţă bine," îşi spune în sine profesorul Leonidas. Însă vrea totuşi să îi pună fetei nişte întrebări.

"Lena, care este principalul zeu al grecilor?" întreabă profesorul.

Lena tace. Nu ştie. Profesorul Leonidas aşteaptă. În banca din primul rând stă Julia. Aceasta vrea să-i dea un indiciu. Lena se uită spre Julia, iar Julia îi face pe ascuns un semn cu degetul către profesorul Leonidas.

"Leonidas este principalul zeu al grecilor," spune Lena. Studenţii izbucnesc în râs. Profesorul Leonidas o priveşte încruntat. Apoi se uită spre tavan şi îşi adună gândurile.

"Dacă te referi la Leonidas, regele spartanilor, el nu a fost zeu. Deşi, a fost o mare personalitate grecească. Dacă te referi la mine, eu mă simt zeu doar la mine în bucătărie, când gătesc mâncăruri tradiţionale greceşti," spune profesorul Leonidas privind-o pe Lena cu atenţie. "Dar, oricum, mulţumesc pentru încercarea îndrăzneaţă."

sehr emotional wird, großartige lange Haare und große schwarze Augen hat.

Heute hat David einen Geschichtstest. Er mag das Unterrichtsfach. Er liest viel und bekommt immer gute Noten.

David betritt das Zimmer und nimmt die Testaufgaben. Er setzt sich an den Tisch und macht die Aufgaben. Die Fragen sind nicht schwer. Lena sitzt neben David. Lena kommt nur selten zu den Vorlesungen von Professor Leonidas. Lena mag Geschichte nicht. Sie wartet darauf, dass sie an der Reihe ist. Dann geht Lena zu Professor Leonidas Tisch und setzt sich auf einen Stuhl.

„Das sind meine Antworten auf die Fragen", sagt Lena zum Professor und gibt ihm die Testaufgaben.

„Gut", der Professor sieht Lena an. Er kann sich gut daran erinnern, dass Lena seine Vorlesungen nicht besucht. „Lena ist wahrscheinlich auch eine gute Studentin und lernt gut", denkt Professor Leonidas. Aber er möchte das Mädchen trotzdem abprüfen.

„Lena, wer ist der wichtigste griechische Gott?", fragt der Professor.

Lena ist still. Sie weiß es nicht. Professor Leonidas wartet. Julia sitzt am Tisch in der ersten Reihe. Sie möchte ihr einen Hinweis geben. Lena sieht Julia an. Und Julia zeigt heimlich mit dem Finger auf Professor Leonidas.

„Leonidas ist der wichtigste griechische Gott", sagt Lena. Die Studenten lachen. Professor Leonidas sieht sie mit einem Stirnrunzeln an. Dann schaut er auf die Decke und sammelt seine Gedanken.

„Vielleicht meinst du Leonidas, den König von Sparta, aber das war kein Gott. Obwohl er auch ein großer Grieche war. Vielleicht meinst du mich, aber ich fühle mich nur wie ein Gott, wenn ich in meiner Küche stehe und ein griechisches Nationalgericht zubereite", sagt Professor Leonidas und sieht Lena aufmerksam an. „Danke trotzdem für den gewagten Versuch."

Profesorul Leonidas le spune colegilor săi, câteva zile mai târziu, că el este cel mai mare zeu al grecilor. Profesorul râde cel mai tare dintre toți. Iar Lena a învățat numele tuturor grecilor faimoși și s-a îndrăgostit de istoria Greciei.

Professor Leonidas erzählt seinen Kollegen einige Tage später, dass er der wichtigste griechische Gott ist. Der Professor lacht am lautesten von allen. Und Lena hat die Namen aller berühmtesten Griechen gelernt und hat sich dabei in die Geschichte Griechenlands verliebt.

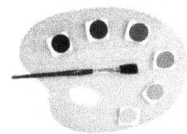

10

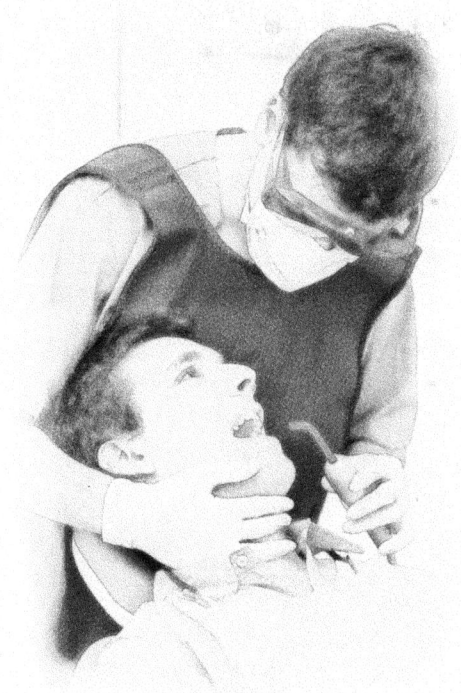

La dentist
Beim Zahnarzt

A

Vocabular

Vokabeln

1. a elimina, a înlătura - beheben
2. a închide - schließt
3. a întâlnit - getroffen
4. a monta, a instala - installiert
5. a repara - reparieren
6. a se înscrie, a aplica - bewerben
7. chirurgie dentară - Zahnklinik, die
8. client - Kunde, der
9. companie - Firma, die
10. companie de construcții - Baufirma, die
11. constructori - Bauarbeiter, die
12. corect - richtig

13. cu plăcere - gern geschehen
14. cursuri - Unterricht, der
15. decât, ca - als
16. defect - Defekt, der
17. dentist - Zahnarzt, der
18. deschis/ă - öffnen
19. dinte - Zahn, der
20. doctor, medic - Arzt, der
21. durere de dinte/de măsea - Zahnschmerzen, die
22. este de acord, aprobă - ist einverstanden
23. gură - Mund, der
24. înainte - bevor
25. inginersc, al constructorului - des Bauarbeiters
26. își amintește - erinnert
27. larg - weit
28. lovește - klopft
29. mai devreme - früher
30. mâini - Hände, die
31. maxilar - Kiefer, der
32. mulțumit, cu mulțumire - zufrieden
33. operație - Arztpraxis, dis
34. orice - irgendetwas
35. pentru că - weil
36. pierdere - Verlust, der
37. prost, rău - schlecht
38. scrie - schreibt
39. se așază, stă - setzt sich
40. șef, superior - Chef, der
41. slujbă, loc de muncă - Job, der
42. spală - wäscht
43. spital - Spital, das
44. te rog - bitte
45. termen - nennen
46. termen, semestru - Ausdruck, der
47. tratează, vindecă - behandelt
48. ușor - ein wenig

B

La dentist

David are un prieten pe nume Victor. David și Victor sunt prieteni de mult timp. Victor lucrează la o companie de construcții. Montează uși în apartamente noi. Lui Victor nu îi place slujba lui. Vrea, de asemenea, să studieze la facultate. Victor pleacă mai devreme de la serviciu, pentru că participă la cursuri de seară. Se pregătește pentru a se înscrie la facultate. Dar astăzi, Victor îl roagă pe șeful său să îl lase să meargă nu la cursuri, ci la spital. Are o durere de dinți. Îl doare de două zile. Merge la spital, la cabinetul de

Beim Zahnarzt

David hat einen Freund, der Victor heißt. David und Victor sind seit einer langen Zeit befreundet. Victor arbeitet bei einer Baufirma. Er installiert Türen in neuen Wohnungen. Victor mag seinen Job nicht. Er möchte auch am College studieren. Victor geht früh von der Arbeit, weil er eine Abendschule besucht. Er bereitet sich darauf vor, sich an einem College zu bewerben. Aber Victor bittet seinen Chef heute nicht, ihn zum Unterricht gehen zu lassen, sondern ins Spital. Victor hat Zahnschmerzen. Er hat seit zwei Tagen Zahnschmerzen. Er geht in das Spital, in die

chirurgie dentară.

"Bună ziua, domnule doctor!" spune Victor.

"Bună ziua," răspunde doctorul.

"Domnule doctor, mi se pare că ne-am mai întâlnit undeva," spune Victor.

"Posibil," răspunde doctorul.

Victor se așează pe scaun și deschide gura larg. Doctorul tratează dintele lui Victor. Totul merge bine. Doctorul se spală pe mâini și zice: "Dintele dumneavoastră e sănătos acum. Puteți să plecați."

Dar Victor nu poate răspunde, pentru că nu își mai poate închide gura. Victor arată cu degetul spre gură.

"Înțeleg," spune doctorul. "Nu te supăra! În termeni inginerești, asta se numește un defect. Pot repara acest defect mâine," îi răspunde doctorul.

În acel moment, Victor își amintește că doctorul este un client al companiei lor. Victor a instalat prost o ușă la acest doctor acasă. Ușa doctorului nu se închide. Victor îi scrie un bilet doctorului: "Am să merg chiar acum la dumneavoastră acasă și am să montez ușa corect."

Doctorul este de acord, așa că Victor și doctorul iau un taxi. Victor stă în mașină, cu gura deschisă, și privește trist pe geam. Ajung acasă la doctor. Victor repară defectul ușii cu gura deschisă. Dar doctorul nu îi mulțumește, ci îl lovește ușor pe Victor peste maxilar, iar gura i se închide. Victor e încântat.

"Mulțumesc, domnule doctor!" îi spune medicului. "Dumneavoastră înlăturați defectele mai bine decât constructorii. Rezolvați problema fără să pierdeți timpul," spune Victor.

"Cu plăcere," răspunde doctorul mulțumit. "Poți să mai vii la mine când ai nevoie de ajutor."

Zahnklinik.

„Hallo, Herr Doktor!" sagt Victor.

„Hallo!", antwortet der Arzt.

„Herr Doktor, ich glaube, dass wir uns schon irgendwo einmal getroffen haben", sagt Victor.

„Vielleicht", antwortet der Arzt.

Victor setzt sich in einen Stuhl und öffnet seinen Mund weit. Der Arzt behandelt Victors Zahn. Alles geht gut. Der Arzt wäscht seine Hände und sagt: „Ihr Zahn ist jetzt gesund. Sie können gehen."

Aber Victor kann nichts antworten, weil er seinen Mund nicht schließen kann. Victor zeigt auf den Mund.

„Ich verstehe", sagt der Arzt. „Mach dir nichts daraus! Auch ein Bauarbeiter würde das einen Defekt nennen. Ich kann den Defekt morgen reparieren", antwortet er Arzt.

In diesem Moment erinnert sich Victor daran, dass der Arzt ein Kunde seiner Firma ist. Victor hat die Tür im Haus des Arztes schlecht installiert. Die Tür des Arztes lässt sich nicht schließen. Victor schreibt dem Arzt eine Notiz: „Ich werde sofort zu Ihnen fahren und die Tür richtig installieren."

Der Arzt ist einverstanden. Victor und der Arzt nehmen ein Taxi. Victor sitzt mit offenem Mund im Taxi und schaut traurig durch das Autofenster. Sie kommen zum Haus des Arztes. Victor behebt den Fehler mit offenem Mund. Der Arzt bedankt sich nicht bei Victor. Er klopft Victor ein wenig auf den Kiefer und der Mund schließt sich. Victor ist glücklich.

„Danke, Herr Doktor!", sagt er zum Arzt. „Sie beheben Fehler besser als Bauarbeiter. Sie machen es, ohne Zeit zu verlieren", sagt Victor.

„Gern geschehen", sagt der Arzt zufrieden, „du kannst gerne wiederkommen, wenn du Hilfe brauchst."

11

Dreptatea triumfă!
Gerechtigkeit siegt!

Vocabular

Vokabeln

1. a aminti - erinnerst
2. a flata - schmeicheln
3. a modifica, a schimba - ändern
4. a recunoaşte - gebe zu
5. a strica - ruinieren
6. a trişa - mogeln
7. a verifica - überprüfen
8. apare, se vede - wird sichtbar
9. a-şi da seama, a depista - erwischen
10. autor - Autor, der
11. aventuri - Abenteuer, die
12. cămine studenţeşti - Studentenwohnheim, das
13. capodoperă - Meisterwerk, das
14. cea/cel mai mare - höchste
15. competent - kompetent
16. compoziţie, conţinut - Aufsatz, der
17. continuă - spricht weiter

18. copiam - kopieren
19. copiat - kopiert
20. cu atenție, cu grijă - genau, sorgfältig
21. cu seriozitate - ernst
22. cu sfială, cu ezitare - zögerlich
23. cu strictețe - streng
24. dat - gegeben
25. decis - beschloßen
26. des, adesea - oft
27. deștept - intelligent
28. destul, suficient - genug
29. drag/ă - Lieber
30. dreptate, justiție - Gerechtigkeit, die
31. engleză - englisch
32. eseuri - Essays, die
33. eu însumi/însămi - ich selbst
34. excelent - großartiges
35. experiență - Erfahrung, die
36. făcut - tat
37. fără a se gândi - gedankenlos
38. idee, concept - Konzept, das
39. impresionat - beeindruckt
40. în special, mai ales - besonders
41. încheie, termină - sagt abschließend
42. inteligență - Intelligenz, die
43. intenționează - bedeutet
44. laudă, a lăuda - loben
45. lecție - Unterricht, der
46. leneș - faul
47. literatură - Literatur, die
48. mai mult - mehr
49. mai strict - strenger
50. meritat - verdient
51. mic/ă, scăzut/ă - niedrig
52. modalitate, fel - Art, die
53. nivel - Niveau, das
54. orice - irgendein, etwas
55. oricine - irgendjemand
56. profesor - Lehrer, der
57. prost - schlecht
58. rămas - verlassen
59. sală de clasă - Klassenzimmer, das
60. scriitor - Schriftsteller, der
61. scris - geschrieben
62. simplu, natural - verständlich, leicht
63. sincer - ehrlich
64. șiret, cu viclenie - verschmitzt
65. spirit, esență - Stimmung, die
66. știa - wusste
67. stil - Stil, der
68. teamă, frică - Angst, die
69. temă - Thema, das
70. temă de casă - Hausaufgabe, die
71. ține - hält
72. tip, băiat - Junge, der
73. trece - vorbeikommt
74. triumfă - siegt
75. uimire - Erstaunen, das
76. ușor, cu ușurință - einfach
77. vesel, bucuros - fröhlich
78. vorbește - spricht

B

Dreptatea triumfă!

Robert locuiește la un cămin studențesc. Are mulți prieteni. Toți studenții îl plac. Dar profesorii știu că uneori Robert este leneș. De aceea, se poartă mai strict cu el decât cu alți studenți.

Primul curs al lui Robert pe ziua de astăzi este cel de literatură engleză. Studenții studiază cu atenție lucrările lui Charles Dickens. Acest scriitor a devenit celebru datorită unor opere precum "Aventurile lui Oliver Twist", "Dombey și fiul", "David Copperfield" și așa mai departe.

Profesorul trebuie să verifice astăzi eseurile primite ca temă de casă. Profesorul intră în clasă. Ține în mână lucrările studenților.

"Bună ziua. Vă rog, luați loc," spune profesorul. "Sunt mulțumit de eseurile voastre. Mi-a plăcut în mod special cel al lui Robert. Recunosc cu sinceritate că nu am citit o lucrare despre Dickens mai bună decât asta. O idee excelentă, o exprimare competentă, un stil natural. Nici cea mai bună notă nu e suficient de bună în acest caz."

Studenții rămân cu gura căscată de uimire. Oamenii nu spun des astfel de lucruri despre Robert. Apoi profesorul vorbește și despre alte lucrări, dar nu mai laudă pe nimeni la fel. Apoi le împarte studenților lucrările. Când trece pe lângă Robert, îi spune: "Caută-mă după curs, te rog."

Robert este surprins. După curs, merge la profesor. Ceilalți studenți au ieșit deja din sala de clasă.

"Robert, ești un băiat bun și deștept," spune profesorul. "Chiar îmi aduci aminte de mine însumi, în anumite privințe. Și eu am studiat la această facultate. Și am stat în același cămin ca tine."

Gerechtigkeit siegt!

Robert wohnt im Studentenwohnheim. Er hat viele Freunde. Alle Studenten mögen ihn. Aber die Lehrer wissen, dass Robert manchmal faul ist. Deshalb behandeln sie Robert strenger, als andere Studenten.

Roberts erster Unterricht heute ist englische Literatur. Die Studierenden beschäftigen sich genau mit der Arbeit von Charles Dickens. Dieser Schriftsteller wurde durch Bücher wie die Abenteuer von Oliver Twist, Dombey und Sohn, David Copperfield und andere berühmt.

Der Lehrer muss heute die Essays, die Hausaufgabe waren, korrigiert zurückgeben. Der Lehrer betritt das Klassenzimmer. Er hält die Arbeiten der Studenten in seinen Händen.

„Hallo. Setzt euch, bitte", sagt der Lehrer. „Ich bin mit euren Essays zufrieden. Ganz besonders mag ich Roberts Arbeit. Ich gebe ehrlich zu, dass ich noch nie eine bessere Arbeit über Dickens gelesen habe. Ein großartiges Konzept, kompetent geschrieben und ein verständlicher Stil. Sogar die beste Note reicht hier nicht aus."

Die Studenten staunen mit offenem Mund. Leute sagen solche Dinge nicht oft über Robert. Dann spricht der Lehrer über andere Arbeiten, aber er lobt niemanden auf die gleiche Art. Dann verteilt er die Arbeiten an die Studenten. Als er bei Robert vorbeikommt, sagt er zu ihm: „Komm nach dem Unterricht bitte zu mir."

Robert ist überrascht. Nach dem Unterricht geht er zum Lehrer. Die anderen Studenten haben das Klassenzimmer schon verlassen.

„Robert, du bist ein intelligenter und guter Junge", sagt der Lehrer, „du erinnerst mich sogar auf gewisse Art an mich selbst. Ich habe auch an diesem College studiert. Und ich habe im gleichen Studentenwohnheim gewohnt wie du."

Robert nu înțelege ce vrea să spună profesorul. Dar acesta se uită șiret la Robert și continuă: "Și eu am căutat teste de-ale vechilor studenți. Dar n-am copiat decât puțin din ele, cât să simt esența subiectului. Niciodată n-am copiat totul, fără să mă gândesc la consecințe, așa ca tine."

În privirea lui Robert se poate citi teama.

"Așa este, dragul meu. Nu numai că ai copiat munca altcuiva, dar ai copiat o lucrare scrisă de mine în urmă cu mult timp," continuă profesorul.

"Atunci de ce mi-ați dat cea mai mare notă, profesore?" întrebă Robert, cu sfială.

"Pentru că atunci am primit o notă mică! Și am știut întotdeauna că meritam o notă mult mai bună! Iar acum, dreptatea triumfă!!" spune profesorul, râzând bucuros.

"În timp ce copiam lucrarea dumneavoastră, am fost impresionat de nivelul de inteligență al autorului," spune Robert. "Așa că am decis să nu schimb nimic, ca să nu stric această capodoperă, profesore," spune Robert privindu-l pe profesor în ochi.

"Nu te pricepi să flatezi oameni, Robert," răspunde profesorul, uitându-se cu seriozitate la el. "Acum pleacă și ține minte că de fiecare dată când trișezi, o să observ cu ușurință, pentru că am multă experiență. E clar?" încheie profesorul.

Robert versteht nicht, was der Lehrer sagen will. Aber der Lehrer sieht ihn verschmitzt an und spricht weiter: „Ich habe mir auch die Tests der früheren Studenten angesehen. Aber ich habe von ihnen nur ein wenig abgeschrieben, um die Stimmung eines Themas zu spüren. Und ich habe nie alles so gedankenlos abgeschrieben wie du."

In Roberts Augen wird Angst sichtbar.

„Das ist es, mein Lieber. Du hast nicht nur die Arbeit von jemand anderem abgeschrieben, du hast eine Arbeit abgeschrieben, die ich selbst vor einer langen Zeit verfasst habe", spricht der Lehrer weiter.

„Aber warum haben Sie mir dann die beste Note gegeben, Professor?", fragt Robert zögerlich.

„Weil ich damals eine schlechte Note dafür bekommen habe! Und ich wusste immer, dass ich eine viel bessere Note verdient hätte! Jetzt siegt die Gerechtigkeit!!", sagt der Lehrer und lacht fröhlich.

„Als ich ihren Aufsatz abgeschrieben habe, war ich vom Intelligenzniveau des Autors beeindruckt", sagt Robert. „Deshalb habe ich beschlossen nichts zu ändern, um dieses Meisterwerk nicht zu ruinieren, Herr Professor", sagt Robert und sieht dem Lehrer in die Augen.

„Du schmeichelst sehr schlecht, Robert", antwortet der Lehrer und sieht Robert ernst an. „Geh jetzt und merk dir, dass ich dich jedes Mal ganz einfach erwischen werde, wenn du mogelst, weil ich sehr viel Erfahrung habe. Ist das klar?", sagt der Lehrer abschließend.

12

Unde este marea?

Wo ist das Meer?

 A

Vocabular

Vokabeln

1. a aștepta - warten
2. a făcut un compliment - ein Kompliment gemacht
3. a găsi - finden
4. a mers - ging
5. a recunoaște - erkenne wieder
6. ar putea - könnte
7. ascultă - hört zu
8. bancă - Bank, die
9. bărbat - Mann, der
10. bronzare - sonnenbaden
11. călătorește - reist
12. capăt, sfârșit - Ende, das
13. capitală - Hauptstadt, die
14. cel/cea mai mare - größte
15. complet - ganz

16. compliment - Kompliment, das
17. conduce - führt
18. costum de baie - Badeanzug, der
19. dă din cap afirmativ, aprobă din cap - nickt
20. destul de - ziemlich
21. diferit - anders
22. direcție - Richtung, die
23. douăzeci - zwanzig
24. drum - Straße, die
25. ebraică - Hebräisch, das
26. gătește, pregătește - kocht
27. hotel - Hotel, das
28. Ierusalim - Jerusalem
29. înot - schwimmen
30. intersecție - Kreuzung, die
31. jumătate - halbe
32. mare - Meer, das
33. marți - Dienstag, der
34. masă - Essen, das
35. mătușă - Tante, die
36. noroc, succes - Glück, das
37. oraș - Stadt, die
38. pe lângă, dincolo de - vorbei
39. piață - Markt, der
40. pierdut, rătăcit - verlaufen
41. prosop - Handtuch, das
42. sonerie - Türglocke, die
43. stradă - Straße, die
44. sugerează, propune - schlägt vor
45. tata - Vater, der
46. telefon mobil - Handy, das
47. vecin - Nachbar, der
48. vizitează - besucht gerade
49. weekend, sfârșit de săptămână - Wochenende, das
50. zece - zehn

B

Unde este marea?

Vara aceasta, Ana, prietena lui David, se duce în Israel să își viziteze unchiul și mătușa. Numele mătușii este Yael, iar al unchiului este Nathan. Ei au un fiu pe nume Ramy. Nathan, Yael și Ramy locuiesc în Ierusalim. Ierusalim este capitală și e cel mai mare oraș din Israel. Anei îi place acolo. Se duce la mare în fiecare weekend cu mătușa și cu unchiul ei. Anei îi place să înoate și să se bronzeze.

Astăzi este marți. Unchiul Nathan se duce la serviciu. Este doctor. Mătușa Yael pregătește masa pentru întreaga familie.

Wo ist das Meer?

Anna, eine Freundin von David, reist diesen Sommer nach Israel, um ihre Tante und ihren Onkel zu besuchen. Ihre Tante heißt Yael und der Name ihres Onkels ist Nathan. Sie haben einen Sohn, der Ramy heißt. Nathan, Yael und Ramy leben in Jerusalem. Jerusalem ist die Hauptstadt und die größte Stadt Israels. Anna ist gerne dort. Jedes Wochenende geht sie mit ihrem Onkel und ihrer Tante ans Meer. Anna schwimmt gerne und liegt gerne in der Sonne.

Heute ist Dienstag. Onkel Nathan geht arbeiten. Er ist Arzt. Tante Yael kocht für die ganze Familie Essen. Anna möchte sehr gerne zum

Ana vrea foarte mult să se ducă la mare, dar se teme să meargă singură. Știe foarte bine engleză, dar nu știe ebraică deloc. Anei îi este frică să nu se rătăcească. Aude soneria.

"E prietena ta, Nina," spune mătușa Yael.

Ana se bucură că prietena ei a venit să o vadă. Nina locuiește în Kiev. Acum își vizitează tatăl. Tatăl ei este vecinul unchiului Nathan. Nina vorbește engleză destul de bine.

"Hai să mergem la mare," propune Nina.

"Cum o să găsim drumul?" întreabă Ana.

"Suntem în Israel. Aproape toată lumea de aici vorbește engleză," răspunde Nina.

"Așteaptă puțin, să-mi iau un costum de baie și un prosop," spune Ana.

După zece minute, fetele pleacă de acasă. Pe stradă, un bărbat cu un copil vine spre ele.

"Scuzați-mă, cum putem ajunge la mare?" îl întreabă Ana în engleză.

"Fiica Mării?" întreabă bărbatul.

Ana se bucură că bărbatul îi face un compliment. Dă din cap afirmativ.

"Este destul de departe. Mergeți până la capătul străzii și apoi luați-o la dreapta. Când ajungeți la intersecție, faceți din nou dreapta. Succes," spune bărbatul.

Ana și Nina merg vreme de douăzeci de minute. Trec pe lângă o piață. Apoi pe lângă un hotel.

"Nu recunosc acest hotel. Când am mers la mare cu tata, nu l-am văzut," spune Nina.

"Hai să mai întrebăm o dată," propune Ana.

"Pe aici se ajunge la mare, nu?" întreabă Nina un vânzător într-un magazin.

"Da, Fiica Mării," confirmă vânzătorul.

"E foarte ciudat. Ne-au făcut același compliment, și mie, și ție, de două ori," îi spune Ana Ninei.

Meer gehen, aber sie hat Angst alleine zu gehen. Sie kann gut Englisch, aber sie spricht überhaupt kein Hebräisch. Anna hat Angst sich zu verlaufen. Sie hört, dass es an der Tür klingelt.

„Es ist deine Freundin Nina", sagt Tante Yael.

Anna freut sich sehr, dass ihre Freundin sie besuchen gekommen ist. Nina lebt in Kiev. Sie besucht gerade ihren Vater. Ihr Vater ist der Nachbar von Onkel Nathan. Nina spricht ganz gut Englisch.

„Lass uns zum Meer gehen", schlägt Nina vor.

„Wie werden wir den Weg finden?", fragt Anna.

„Das ist Israel. Fast jeder hier spricht Englisch", antwortet Nina.

„Warte kurz, ich nehme einen Badeanzug und ein Handtuch mit", sagt Anna.

Zehn Minuten später verlassen die Mädchen das Haus. Ein Mann mit einem Kind kommt ihnen entgegen.

„Entschuldigen Sie, wie kommen wir ans Meer?", fragt ihn Anna auf Englisch.

„Tochter des Meeres?", fragt der Mann.

Anna freut sich, dass der Mann ihr ein Kompliment macht. Sie nickt.

„Es ist ziemlich weit entfernt. Geht bis zum Ende der Straße und biegt dann rechts ab. Wenn ihr zur Kreuzung kommt, biegt ihr noch einmal rechts ab. Viel Glück", sagt der Mann.

Anna und Nina gehen zwanzig Minuten lang. Sie gehen an einem Markt vorbei. Dann gehen sie an einem Hotel vorbei.

„Ich erkenne das Hotel nicht wieder. Als wir mit meinem Vater ans Meer gefahren sind, habe ich es nicht gesehen", sagt Nina.

„Lass uns noch einmal nach dem Weg fragen", schlägt Anna vor.

„Dieser Weg führt ans Meer, oder?", fragt Nina einen Verkäufer in einem Laden.

„Ja, Tochter des Meeres", nickt der Verkäufer.

„Das ist sehr seltsam. Sie haben dir und mir heute zwei Mal das gleiche Kompliment

Fetele sunt surprinse. Continuă să meargă încă o jumătate de oră.

"Mi se pare că am mai fost pe o stradă cu același nume," spune Ana.

"Da, dar aici casele arată complet diferit," răspunde Nina.

"Ați putea să ne spuneți cât durează să ajungem la mare?" întreabă Nina o femeie cu un câine.

"Fiica Mării?" întreabă femeia.

Nina e surprinsă. Nu a mai primit niciodată complimente din partea femeilor. Nina aprobă din cap.

"Ați ajuns deja," spune femeia și pleacă mai departe.

Ana și Nina se uită împrejur. Pe dreapta erau case. Pe stânga era strada.

"Unde e marea?" întreabă Ana. Nina nu răspunde. Își scoate telefonul și îl sună pe tatăl ei. Acesta o roagă pe Nina să-i spună toată povestea. Fata îi povestește totul, apoi îl ascultă pe tatăl ei și râde.

"Ana, tata spune că am ajuns în alt oraș. Se pare că nimeni nu ne făcea niciun compliment. Credeau că vrem să mergem într-un orășel numit Fiica Mării. Bat Yam, în ebraică," spune Nina. Acum râde și Ana. Fetele merg într-un parc și se așează pe o bancă. O oră mai târziu ajunge și tatăl Ninei și le duce la mare.

gemacht", sagt Anna zu Nina. Die Mädchen sind überrascht. Sie gehen eine halbe Stunde die Straße entlang.

„Ich glaube, dass wir schon in einer Straße mit dem gleichen Namen gewesen sind", sagt Anna.

„Ja, aber die Häuser hier sehen ganz anders aus", antwortet Nina.

„Könnten Sie uns sagen, wie lange es dauert, von hier zum Meer zu gehen?", fragt Nina eine Frau mit einem Hund.

„Tochter des Meeres?", fragt die Frau.

Nina ist überrascht. Sie hat noch nie zuvor Komplimente von Frauen bekommen. Sie nickt.

„Ihr seid schon hier", sagt die Frau und geht weiter.

Anna und Nina sehen sich um. Rechts stehen einige Häuser. Links ist eine Straße.

„Wo ist hier das Meer?", fragt Anna. Nina antwortet nicht. Sie nimmt ihr Handy heraus und ruft ihren Vater an. Der Vater bittet Nina ihm die ganze Geschichte zu erzählen. Das Mädchen erzählt ihm alles, dann hört sie ihrem Vater zu und lacht.

„Anna, mein Vater sagt, dass wir in eine andere Stadt gegangen sind. Am Ende hat uns doch niemand irgendwelche Komplimente gemacht. Sie dachten, dass wir in eine kleine Stadt wollten, die Tochter des Meeres heißt. Bat Yam auf Hebräisch", sagt Nina. Jetzt lacht auch Anna. Die Mädchen gehen in einen Park und setzten sich auf eine Bank. Eine Stunde später kommt Ninas Vater und bringt sie ans Meer.

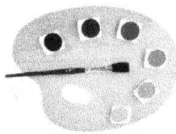

13

O treabă uşoară

Ein kleiner Job

 A

Vocabular

Vokabeln

1. a bea - trinken
2. a câştiga - verdienen
3. a cincea - fünfte
4. a fi atent - beachten
5. a muşca - beißen
6. a muşcat - gebissen
7. a patra - vierte
8. a pune - setzen, legen, stellen
9. al doilea/a doua - zweite
10. al treilea/a treia - dritte
11. aleatoriu, la întâmplare - zufällig

12. amuzant, haios - lustig
13. angajat - Angestellte, der
14. bani - Geld, das
15. capricios - launisch
16. crocodil - Krokodil, das
17. curajos - mutig
18. dintr-o dată - sofort
19. examen - Prüfung, die
20. expoziţie - Ausstellung, die
21. fiecare - jede
22. important - wichtige

23. în loc să/de, în schimb - statt
24. în timp ce - während
25. încurcat, amestecat - verwechselt
26. lucru, chestie - Ding, das
27. mai uşor - einfacher
28. minge - Ball, der
29. ocupat - beschäftigt
30. paznic, gardian, a sta de pază/de gardă - Wächter, der
31. problemă, chestiune - Angelegenheit, die
32. rău - böse
33. sarcină - Aufgabe, die
34. scapă - lässt fallen
35. şiret, viclean - verschmitzt

B

O treabă uşoară

Un lucru amuzant i s-a întâmplat lui Robert vara aceasta. Uitaţi ce: Robert s-a gândit să câştige nişte bani lucrând ca paznic pe timpul verii. Avea de păzit o expoziţie de pisici. Odată, lui Robert i s-a dat o sarcină importantă: trebuia să pună pisicile în cuşti. De asemenea, trebuia să scrie numele pe cuşca fiecărei pisici.

"În regulă," spune Robert. "Care sunt numele acestor pisici minunate?"

"Motanul din stânga este Tom, lângă el este Jerry, Mickey este în spate, Snickers şi Baron sunt în dreapta," îi explică un angajat al expoziţiei.

Apoi pleacă toţi şi Robert rămâne singur cu pisicile. Vrea să bea nişte ceai. În timp ce bea ceaiul, se uită la pisici. Prima tocmai se spală. A doua se uită pe geam. A treia şi a patra se plimbă prin cameră. Şi a cincea se apropie de Robert. Dintr-o dată, îl muşcă de picior. Robert scapă ceaşca - îl doare tare piciorul.

"Eşti o pisică rea, foarte rea!" strigă el. "Nu eşti o pisică. Eşti un adevărat crocodil! Nu poţi să faci aşa ceva. Eşti Tom sau Jerry? Nu, eşti Mickey! Sau Snickers! Sau poate Baron?" Apoi, brusc, Robert îşi dă seama că încurcă pisicile. Nu mai ştie numele lor şi nu

Ein kleiner Job

Diesen Sommer ist Robert etwas Lustiges passiert. Und zwar folgendes. Robert beschloss während des Sommers ein wenig Geld als Wächter zu verdienen. Er bewachte eine Katzenausstellung. Einmal bekam Robert eine wichtige Aufgabe übertragen. Er musste die Katzen in die Käfige sperren. Er musste auch den Namen jeder Katze auf den jeweiligen Käfig schreiben.

„In Ordnung", sagt Robert. „Wie heißen diese großartigen Katzen?"

„Die Katze links ist Tom, neben ihm ist Jerry, Mickey sitzt hinten, Snickers und Baron sind rechts", erklärt ihm ein Angestellter der Ausstellung.

Alle gehen und Robert bleibt mit den Katzen alleine. Er möchte Tee trinken. Er trinkt Tee und schaut die Katzen an. Die erste Katze putzt sich gerade. Die zweite schaut aus dem Fenster. Die dritte und vierte gehen durch das Zimmer. Die fünfte kommt auf Robert zu. Plötzlich beißt sie ihn in das Bein. Robert lässt die Tasse fallen. Sein Bein tut sehr weh.

„Du bist eine böse Katze, sehr böse!", schreit er. „Du bist keine Katze. Du bist wirklich ein Krokodil! Das kannst du nicht machen. Bist du Tom oder Jerry? Nein, du bist Mickey! Oder Snickers? Oder vielleicht Baron?", dann bemerkt Robert plötzlich, dass er die Katzen verwechselt.

mai poate pune fiecare pisică în cușca potrivită. Robert începe să le strige pe pisici pe nume.

"Tom! Jerry! Mickey! Snickers, Baron!" dar pisicile nu-i acordă atenție deloc. Sunt în lumea lor. Două pisici se joacă cu o minge. O alta tocmai ce bea apă. Iar celelalte tocmai mănâncă ceva. Cum să-și amintească numele pisicilor acum? Mai ales că nu este nimeni care să-l ajute. Toată lumea plecase deja acasă. Apoi, Robert strigă: "Pis, pis pis!" Toate pisicile se întorc spre Robert în același timp. Ce e de făcut acum? Toate pisicile se uită la Robert, apoi se întorc și se așează lângă fereastră. Stau și se uită pe geam.

Stau toate acolo, iar lui Robert nu-i era deloc limpede cum le cheamă. Nu îi trece prin cap nicio soluție. Pare mai simplu să treci un examen decât să ghicești numele fiecărei pisici.

Robert decide apoi să pună fiecare pisică în câte o cușcă, la întâmplare. În loc de numele lor, scrie pe cuști următoarele: Drăguța, Curajoasă, Șireată, Capricioasă. Dar pentru a cincea pisică, cea care l-a mușcat, Robert scrie: "Atenție! Pisica mușcă."

Er weiß die Namen der Katzen nicht und kann sie nicht in die richtigen Käfige sperren. Robert beginnt, die Namen der Katzen zu rufen.

"Tom! Jerry! Mickey! Snickers, Baron!", aber die Katzen beachten ihn nicht. Sie sind mit sich selbst beschäftigt. Zwei Katzen spielen mit einem Ball. Eine andere trinkt gerade Wasser. Und die anderen fressen gerade etwas. Wie soll er sich jetzt an die Namen der Katzen erinnern? Und es gibt niemanden, der Robert helfen könnte. Alle sind schon nach Hause gegangen. Dann schreit Robert: „Miez, miez!". Alle Katzen drehen sich sofort zu Robert um. Und was jetzt? Alle Katzen schauen Robert an, drehen sich dann um und setzten sich neben das Fenster. Sie sitzen und schauen aus dem Fenster.

Sie sitzen alle dort und man weiß nicht, wie sie heißen. Robert fällt keine Lösung ein. Es ist einfacher, eine Prüfung zu bestehen, als die Namen der Katzen zu erraten.

Dann beschließt Robert jede Katze in irgendeinen Käfig zu sperren. Anstatt ihrer Namen, schreibt er folgendes an die Käfige: Schön, tapfer, schlau, launisch. Robert benennt die fünfte Katze, diejenige, die ihn gebissen hat, folgendermaßen „Achtung! Bissige Katze."

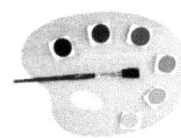

14

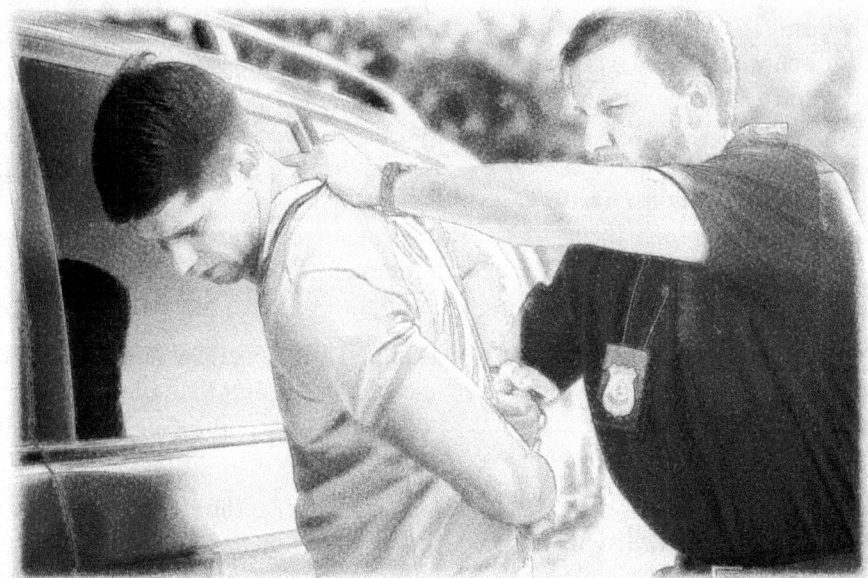

Stai!

Halt!

A

Vocabular
Vokabeln

1. a (se) grăbi, grabă - Eile, die
2. a întreba - fragen
3. a pierde - verlieren
4. a rămâne - bleiben
5. a reține, a prinde - festnehmen
6. antrenat, în formă - trainiert
7. bucuros, fericit - fröhlich
8. care se îndepărtează, îndepărtându-se - abfahrend
9. cu grijă, atent - gewissenhaft
10. de primă clasă - erstklassig
11. depășește - überholt
12. direct - direkt, gerade
13. doamnă - Madame, die
14. domeniu - Arbeitsbereich, der
15. ediție - Ausgabe, die
16. este la reparat - wird gerade repariert
17. glumă - Spaß machen
18. interes, curiozitate - Interesse, das

19. mai departe - weiter
20. metrou - U-Bahn, die
21. miercuri - Mittwoch, der
22. patru - vier
23. petrece, cheltuie - verbringt
24. piscină, bazin de înot - Schwimmbad, das
25. polițist - Polizist, der
26. profesionist - Fachmann, der
27. public - öffentlichen
28. reviste - Zeitschriften, die
29. salariu - Gehalt, das
30. șofer - Fahrer, der
31. strâns - fest
32. strigă - schreit
33. ticălos - Schurke, der
34. ține - gefasst
35. transport - Verkehrsmittel, die
36. uși - Türen, die
37. vineri - Freitag, der
38. ziar - Zeitung, die

Stai!

David studiază la facultate. De obicei, David merge la facultate cu propria mașină. Dar acum, mașina lui este la reparat. Așa că David merge la facultate cu mijloacele de transport public - mai întâi cu autobuzul, apoi cu metroul. După cursuri, David se duce cu prietenii la o cafenea să ia prânzul. În timp ce iau prânzul, prietenii povestesc, glumesc și iau o pauză de la cursuri. Apoi, David merge la bibliotecă și petrece patru ore acolo. Își termină sarcinile pentru școală și citește cărți și reviste noi din domeniul său. David este atent și învață bine. Vrea să devină un specialist de primă mână și să câștige un salariu bun. Miercurea și vinerea, David pleacă cu două ore mai devreme de la bibliotecă și merge la bazinul de înot. Nu vrea să fie doar specialist, ci și un bărbat bine antrenat. Seara, David se întâlnește cu prietenii sau se duce direct acasă.

Astăzi, în drum spre casă, își cumpără ultima ediție a ziarului și se duce la metrou. Când iese din pasajul subteran, David

Halt!

David studiert am College. Normalerweise fährt David mit seinem eigenen Auto zum College. Aber jetzt wird sein Auto gerade repariert. Also nimmt David die öffentlichen Verkehrsmittel, um zum College zu gelangen - erst den Bus, dann die U-Bahn. Nach den Vorlesungen geht David mit seinen Freunden in ein Café um Mittag zu essen. Während des Mittagessens unterhalten sich die Freunde, sie machen Späße und erholen sich vom Unterricht. Dann geht David in die Bibliothek und verbringt dort vier Stunden. Er beendet einige Aufgaben und liest neue Bücher und Zeitschriften aus seinem Arbeitsbereich. David ist gewissenhaft und lernt gut. Er möchte ein erstklassiger Fachmann werden und ein gutes Gehalt verdienen. Am Mittwoch und am Freitag verlässt David die Bibliothek zwei Stunden früher und geht ins Schwimmbad. David möchte nicht nur ein guter Fachmann werden, sondern auch ein gut trainierter Mann sein. Am Abend trifft David seine Freunde oder geht direkt nach Hause.

Heute kauft er auf dem Heimweg die neueste Ausgabe der Zeitung und geht hinunter zur U-

observă că autobuzul era deja în stație. Își dă seama că a întârziat și nu va prinde acest autobuz. Observă o femeie bătrână care aleargă spre autobuz și începe și el să alerge. Depășește femeia și aleargă mai departe. Femeia își dă seama că și ea e în mare întârziere. Nu vrea să piardă timpul așteptând autobuzul următor. Îi strigă lui David: "Oprește-l!"

Femeia vrea ca David să îl roage pe șofer să mai aștepte câteva secunde.

Nu departe de autobuz este un polițist. O aude pe femeie strigând și crede că trebuie să îl rețină pe bărbatul după care alerga femeia. Îl prinde pe David, ținându-l strâns. Femeia aleargă spre autobuz.

"Doamnă, l-am prins pe ticălos!" spune polițistul.

Femeia se uită la polițist cu uimire și spune: "Dați-vă la o parte, vă rog! Mă grăbesc!"

Se urcă fericită în autobuz, iar ușile se închid. David și polițistul rămân în stație, iar femeia îi privește curioasă de la fereastra autobuzului care se îndepărta.

Bahn. David verlässt die U-Bahn und sieht, dass der Bus bereits an der Bushaltestelle steht. Er merkt, dass er zu spät zum Bus kommt. Er sieht eine alte Frau, die zum Bus rennt. David beginnt auch zu rennen. Er überholt die Frau und rennt weiter. Die Frau merkt auch, dass sie spät dran ist. Sie möchte keine Zeit verlieren und nicht auf den nächsten Bus waren. Sie schreit zu David: „Halt ihn auf!"

Die Frau möchte, dass David den Fahrer bittet, den Bus einige Sekunden länger anzuhalten. Ein Polizist ist nicht weit entfernt vom Bus. Er hört, dass die Frau schreit. Der Polizist denkt, dass er den Mann festnehmen muss, dem die Frau nachrennt. Er fängt David und hält ihn fest. Die Frau rennt zum Bus.

„Madame, ich habe diesen Schurken gefasst", sagt der Polizist.

Die Frau sieht den Polizisten überrascht an und sagt: „Gehen Sie mir aus dem Weg, bitte! Ich habe es eilig!"

Sie steigt glücklich in den Bus und die Türen schließen. David und der Polizist bleiben an der Bushaltestelle. Und die Frau sieht ihnen aus dem Fenster des abfahrenden Busses interessiert nach.

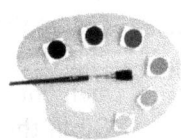

15

Un cadou minunat
Ein wunderbares Geschenk

 A

Vocabular

Vokabeln

1. a ajunge la, a se întinde spre - erreichen
2. a se ruga - beten
3. aproape, lângă - nahe
4. ascultă - hört zu
5. Biblie - Bibel, die
6. braţe - Arme, die
7. bucuros, cu bucurie - vergnügt
8. cinci - fünf
9. citeşte - liest
10. conduce - fährt
11. Crăciun - Weihnachten, das
12. grădiniţă - Kindergarten, der
13. încearcă - versucht
14. întuneric - dunkel

15. leagă - bindet
16. mai jos - niedriger, nach unten
17. masă - Tisch, der
18. minunat - wunderbar
19. motor - Motor, der
20. ninge - schneit
21. oferă, dă - schenkt
22. pe vârfurile picioarelor, tiptil - Zehenspitzen, die
23. peștișor auriu - Goldfisch, der
24. pictură, să picteze - malen
25. portbagaj - Kofferraum, der
26. răspunde - antwortet
27. rupe, sfâșie - reißt
28. se apleacă - biegt
29. se ridică în picioare - steht
30. (se) îndoaie - biegt
31. separat, la distanță - auseinander
32. Sfânt - Heilige, der
33. sfoară, frânghie - Seil, das
34. sună - klingelt
35. țipă, plânge, strigă - schreiend
36. torcând - schnurrend
37. trage - zieht
38. ușor - sanft
39. visând, să viseze - träumt
40. zboară - fliegt

 B

Un cadou minunat

Tina este vecină cu David și Nancy. Este o fetiță mică. Tina are cinci ani și merge la grădiniță. Tinei îi place să picteze. Este o fetiță ascultătoare. Se apropie Crăciunul și Tina așteaptă cadourile. Vrea un acvariu cu peștișori aurii.

"Mami, aș vrea niște peștișori aurii de Crăciun," îi spune Tina mamei sale.

"Roagă-te Sfântului Nicolae. El întotdeauna le aduce cadouri copiilor cuminți," răspunde mama ei.

Tina se uită pe fereastră. Afară e întuneric și ninge. Tina închide ochii și începe să viseze la acvariul cu peștișori aurii.

Prin fața casei trece o mașină. Se oprește lângă casa următoare. La volan e David. El locuiește în casa vecină. Parchează mașina, coboară din ea și merge spre casă. Dintr-o dată, vede o pisică ce stă într-un copac și

Ein wunderbares Geschenk

Tina ist die Nachbarin von David und Nancy. Sie ist ein kleines Mädchen. Tina ist fünf Jahre alt. Sie geht in den Kindergarten. Tina malt gerne. Sie ist ein folgsames Mädchen. Weihnachten kommt bald und Tina wartet auf die Geschenke. Sie möchte ein Aquarium mit Goldfischen.

„Mama, ich hätte gerne Goldfische zu Weihnachten", sagt Tina zu ihrer Mutter.

„Dann musst du zum Hl. Nikolaus beten. Er bringt guten Kindern immer Geschenke", antwortet ihre Mutter.

Tina schaut aus dem Fenster. Draußen ist es dunkel und es schneit. Tina schließt ihre Augen und beginnt von dem Aquarium mit Goldfischen zu träumen.

Ein Auto fährt am Haus vorbei. Es bleibt beim Haus nebenan stehen. David fährt es. Er lebt im Haus nebenan. Er parkt das Auto, steigt aus und geht nach Hause. Plötzlich sieht er, dass ein

15

Un cadou minunat
Ein wunderbares Geschenk

 A

Vocabular
Vokabeln

1. a ajunge la, a se întinde spre - erreichen
2. a se ruga - beten
3. aproape, lângă - nahe
4. ascultă - hört zu
5. Biblie - Bibel, die
6. brațe - Arme, die
7. bucuros, cu bucurie - vergnügt
8. cinci - fünf
9. citește - liest
10. conduce - fährt
11. Crăciun - Weihnachten, das
12. grădiniță - Kindergarten, der
13. încearcă - versucht
14. întuneric - dunkel

15. leagă - bindet
16. mai jos - niedriger, nach unten
17. masă - Tisch, der
18. minunat - wunderbar
19. motor - Motor, der
20. ninge - schneit
21. oferă, dă - schenkt
22. pe vârfurile picioarelor, tiptil - Zehenspitzen, die
23. peştişor auriu - Goldfisch, der
24. pictură, să picteze - malen
25. portbagaj - Kofferraum, der
26. răspunde - antwortet
27. rupe, sfâşie - reißt
28. se apleacă - biegt
29. se ridică în picioare - steht
30. (se) îndoaie - biegt
31. separat, la distanţă - auseinander
32. Sfânt - Heilige, der
33. sfoară, frânghie - Seil, das
34. sună - klingelt
35. ţipă, plânge, strigă - schreiend
36. torcând - schnurrend
37. trage - zieht
38. uşor - sanft
39. visând, să viseze - träumt
40. zboară - fliegt

 B

Un cadou minunat

Tina este vecină cu David şi Nancy. Este o fetiţă mică. Tina are cinci ani şi merge la grădiniţă. Tinei îi place să picteze. Este o fetiţă ascultătoare. Se apropie Crăciunul şi Tina aşteaptă cadourile. Vrea un acvariu cu peştişori aurii.

"Mami, aş vrea nişte peştişori aurii de Crăciun," îi spune Tina mamei sale.

"Roagă-te Sfântului Nicolae. El întotdeauna le aduce cadouri copiilor cuminţi," răspunde mama ei.

Tina se uită pe fereastră. Afară e întuneric şi ninge. Tina închide ochii şi începe să viseze la acvariul cu peştişori aurii.

Prin faţa casei trece o maşină. Se opreşte lângă casa următoare. La volan e David. El locuieşte în casa vecină. Parchează maşina, coboară din ea şi merge spre casă. Dintr-o dată, vede o pisică ce stă într-un copac şi

Ein wunderbares Geschenk

Tina ist die Nachbarin von David und Nancy. Sie ist ein kleines Mädchen. Tina ist fünf Jahre alt. Sie geht in den Kindergarten. Tina malt gerne. Sie ist ein folgsames Mädchen. Weihnachten kommt bald und Tina wartet auf die Geschenke. Sie möchte ein Aquarium mit Goldfischen.

„Mama, ich hätte gerne Goldfische zu Weihnachten", sagt Tina zu ihrer Mutter.

„Dann musst du zum Hl. Nikolaus beten. Er bringt guten Kindern immer Geschenke", antwortet ihre Mutter.

Tina schaut aus dem Fenster. Draußen ist es dunkel und es schneit. Tina schließt ihre Augen und beginnt von dem Aquarium mit Goldfischen zu träumen.

Ein Auto fährt am Haus vorbei. Es bleibt beim Haus nebenan stehen. David fährt es. Er lebt im Haus nebenan. Er parkt das Auto, steigt aus und geht nach Hause. Plötzlich sieht er, dass ein

miaună tare.

"Coboară! Pis pis!" spune David. Dar pisica nu se mișcă. "Ce ar trebui să fac?" se întreabă David.

"Știu cum să te fac să cobori," spune el. Deschide portbagajul și de acolo scoate o sfoară lungă. Apoi leagă sfoara de ramura pe care stă pisica. Celălalt capăt al sforii îl leagă de mașină. David intră în mașină, pornește motorul și înaintează puțin. Ramura se îndoaie și se apleacă. David se întoarce la copac și încearcă să ajungă la pisicuță. Aproape că ajunge la ea. David trage ușor de sfoară cu mâna și ramura se apleacă și mai mult. David se ridică pe vârfuri și întinde mâna. Dar în acel moment, sfoara se rupe, iar pisicuța zboară în direcția opusă.

"O-oh!" exclamă David. Pisicuța zboară până la casa următoare, unde locuiește Tina. David aleargă după pisicuță.

În acest timp, Tina stă la masă cu mama ei. Mama citește din Biblie, iar Tina o ascultă cu atenție. Dintr-o dată, pisicuța zboară pe geam. Tina strigă surprinsă.

"Uite, mamă! Sfântul Nicolae îmi face cadou o pisicuță!" strigă Tina bucuroasă. Ia pisicuța în brațe și o mângâie ușor.

Sună soneria. Mama deschide ușa. La ușă este David.

"Bună seara! Este la dumneavoastră pisicuța?" o întreabă David pe mama Tinei.

"Da, este aici," răspunde Tina. Pisicuța e în brațele ei și toarce. David observă că fetița e foarte bucuroasă.

"Foarte bine, atunci. Și-a găsit un cămin," spune David zâmbind și pleacă înapoi acasă.

Kätzchen in einem Baum sitzt und laut miaut.

„Komm runter! Miez, miez!", sagt David. Aber das Kätzchen bewegt sich nicht. „Was soll ich jetzt machen?", denkt David.

„Ich weiß, wie ich es schaffe, dass du herunterkommst", sagt David. Er öffnet den Kofferraum und nimmt ein langes Seil heraus. Dann bindet er das Seil an den Ast, auf dem das Kätzchen sitzt. Das andere Ende des Seils bindet er an sein Auto. David setzt sich in das Auto, startet den Motor und fährt ein kleines Stück. Der Ast biegt sich weiter nach unten. David geht zu dem Ast und versucht das Kätzchen zu erreichen. Er erreicht es beinahe. David zieht leicht mit seiner Hand am Seil und der Ast biegt sich noch weiter nach unten. David steht auf seinen Zehenspitzen und streckt seine Hand aus. Aber in diesem Moment reißt das Seil auseinander und das Kätzchen fliegt auf die andere Seite.

„Oh oh!", schreit David. Das Kätzchen fliegt zum Nachbarhaus, in dem Tina lebt. David rennt dem Kätzchen nach.

Zu diesem Zeitpunkt sitzt Tina mit ihrer Mutter am Tisch. Die Mutter liest aus der Bibel vor und Tina hört aufmerksam zu. Plötzlich fliegt das Kätzchen durch das Fenster. Tina schreit überrascht.

„Schau, Mama! Der Hl. Nikolaus schenkt mir ein Kätzchen!", schreit Tina vergnügt. Sie nimmt das Kätzchen in ihre Hände und streichelt es sanft. Es klingelt an der Tür. Die Mutter öffnet die Tür. David ist an der Tür.

„Guten Abend! Ist das Kätzchen bei Ihnen?", fragt David Tinas Mutter.

„Ja, es ist hier", antwortet Tina. Das Kätzchen sitzt in ihren Armen und schnurrt. David sieht, dass sich das Mädchen sehr freut.

„Sehr gut. Dann hat es sein zu Hause gefunden", sagt David lächelnd und geht zurück nach Hause.

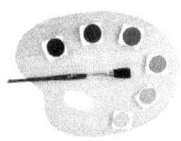

16

Declarații în plic
Geständnisse in einem Briefkuvert

  A

Vocabular
Vokabeln

1. a dispera, disperare - Verzweiflung, die
2. a împacheta - packen
3. a înțeles, și-a dat seama - verstand
4. a primi - erhält
5. a reacționa - reagieren
6. a sfătui - empfehlen
7. a ucide - töten
8. a zbura - fliegen
9. admiră - bewundert
10. apucă, prinde - nimmt
11. așa de, atât de - solch
12. avion - Flugzeug, das
13. bilet - Ticket, das
14. cafea - Kaffee, der
15. cărți poștale, vederi - Postkarten, die
16. catedrală - Kathedrale, die
17. cel mai mare (ca vârstă) - älteste
18. centru - Zentrum, das
19. clădiri - Gebäude, die
20. colorat - farbige
21. compune - verfasst
22. conversație, discuți - chatten

23. cu afaceri - geschäftlich
24. cumpărat - gekauft
25. curier - Zustelldienst, der
26. declaraţie, mărturisire - Geständnis, das
27. divers - verschiedene
28. dragoste, iubire - lieben
29. dur - schroff
30. e păcat - es ist schade
31. el însuşi - sich
32. e-mail - E-Mail, die
33. emoţie, pasiune - Leidenschaft, die
34. fani - Fans, die
35. forum - Forum, das
36. frumos - schön
37. furios, nervos - wütend
38. gata, pregătit - bereit
39. gustare - Snack, der
40. impresii - Eindrücke, die
41. în mod cert, sigur - auf jeden Fall
42. încântat, fermecat - entzückt
43. încântător, fermecător - bezauberndes
44. început, începând - Anfang, der
45. închide telefonul - legt auf
46. indiferent - gleichgültig
47. îngrozitor - grauenvoll
48. însoţeşte - begleitet
49. întâlnire - treffen
50. întâmpină, salută - begrüßt
51. Internet - Internet, das
52. învinovăţire - kritisieren
53. invită - lädt ein
54. iulie - Juli, der
55. local - lokal

56. mediu înconjurător - Umgebung, die
57. modern - modern
58. oraş natal - Heimatstadt, die
59. persoană - Person, die
60. plecat, dispărut - weg
61. plic - Briefkuvert, das
62. poezie - Poesie, die
63. poezii - Gedichte, die
64. posibil - möglich
65. potrivit - geeignet
66. prânz - Mittag, der
67. primit - bekommen
68. privelişti, atracţii turistice - Sehenswürdigkeiten, die
69. pur şi simplu, în mod simplu, doar - einfach
70. rece, cu răceală, indiferent - kalt
71. recomandă - empfiehlt
72. romantic - romantisch
73. roşind - errötet
74. roşu - rot
75. scrisoare - Brief, der
76. se poartă, se comportă - verhält
77. sentimente - Gefühle, die
78. sigilează - verschließt
79. sosire - Ankunft, die
80. strălucitor, luminos - leuchtend
81. stupid, prost - blöde
82. teribil - fürchterlich
83. timid - schüchtern
84. timid, cu timiditate - schüchtern
85. trimite - senden
86. uimitor - toll

87. vacanță - Urlaub, der
88. valiză, bagaj - Koffer, der
89. vechi, antic - alte

90. vorbise - gesprochen
91. zbor - Flug, der
92. zori - Tagesanbruch, der

B

Declarații în plic

Robert este interesat de poezia modernă. Petrece mult timp pe Internet, în fiecare zi. Adesea intră pe diverse forumuri și chat-uri pentru iubitorii de poezie. Pe Elena a cunoscut-o pe un forum al iubitorilor de poezie. Și ei îi place poezia. Scrie poezii frumoase. Robert îi admiră poeziile. Dar îi place foarte mult și de Elena. Ea este studentă. Păcat că locuiește în alt oraș. Cei doi vorbesc pe Internet în fiecare zi, dar nu s-au văzut niciodată. Robert visează să o întâlnească pe Elena.

Într-o zi, Elena îi scrie că vrea să meargă în vacanță în alt oraș. Zice că vrea să-și schimbe mediul înconjurător și să vadă locuri noi. Robert o invită cu plăcere, iar Elena acceptă.

Sosește la începutul lui iulie și stă la un hotel. Robert este fermecat de ea. Într-adevăr, Elena este o fată fermecătoare. În ziua în care sosește, Robert îi arată atracțiile turistice locale.

"Aceasta este cea mai veche catedrală din oraș. Îmi place să vin aici," spune Robert.

"Oh, este uimitor aici!" răspunde Elena.

"În orașul tău natal sunt locuri interesante?" întreabă Robert. "Sora mea, Gabi, va merge acolo cu avionul, peste câteva zile, cu afaceri. Te roagă să o sfătuiești ce ar putea să viziteze acolo," spune el.

"Centrul orașului este foarte frumos," recomandă Elena. "Sunt multe clădiri vechi acolo. Dar dacă vrea o gustare, n-ar trebui

Geständnisse in einem Briefkuvert

Robert interessiert sich für moderne Poesie. Er verbringt täglich viel Zeit im Internet. Er besucht oft verschiedene Foren und Chats über Poesie. In einem Forum für Poesieliebhaber trifft er Elena. Sie mag Poesie auch. Sie schreibt gute Gedichte. Robert bewundert ihre Gedichte. Und er mag auch Elena sehr gerne. Sie ist eine Studentin. Es ist schade, dass sie in einer anderen Stadt wohnt. Sie chatten jeden Tag im Internet, aber sie haben sich noch nie gesehen. Robert träumt davon, Elena zu treffen.

Eines Tages schreibt ihm Elena, dass sie in einer anderen Stadt Urlaub machen möchte. Sie sagt, dass sie einen Umgebungswechsel will und neue Eindrücke sammeln möchte. Robert lädt sie mit Vergnügen ein. Elena stimmt zu.

Sie kommt Anfang Juli an und übernachtet in einem Hotel. Robert ist von ihr entzückt. Elena ist wirklich ein bezauberndes Mädchen. Am Tag ihrer Ankunft zeigt Robert ihr die lokalen Sehenswürdigkeiten.

„Das ist die älteste Kathedrale in der Stadt. Ich komme hier gerne her", sagt Robert.

„Oh, hier ist es einfach toll!", antwortet Elena.

„Gibt es interessante Orte in deiner Heimatstadt?", fragt Robert. „Meine Schwester Gabi wird geschäftlich in einigen Tagen dorthin fliegen. Sie bittet dich, ihr einige Orte dort zu empfehlen", sagt er.

„Das Stadtzentrum ist sehr schön", empfiehlt Elena. „Dort gibt es sehr viele alte Gebäude. Aber wenn sie einen kleinen Snack essen will,

să meargă la cafeneaua 'Big Bill'. Cafeaua de acolo e groaznică!"

"O să-i spun, cu siguranță," spune Robert râzând.

Seara, Robert o însoțește pe Elena până la hotel. Apoi, tot drumul spre casă se gândește la ce ar trebui să facă. Ar vrea să-i spună Elenei despre sentimentele sale, dar nu știe cum să facă asta. Se poartă cu el ca și cu un prieten și nu știe cum va reacționa la mărturisirea lui. Se simte timid în preajma ei. De aceea, se decide în cele din urmă să îi scrie o declarație de dragoste într-o scrisoare. Dar nu vrea să-i trimită scrisoarea prin e-mail. I se pare că nu s-ar cuveni în cazul unei fete așa romantice ca Elena. Nu departe de casă, într-un magazin, vede cărți poștale și plicuri colorate. Lui Robert îi plac plicurile roșii, strălucitoare, și cumpără unul. Speră să îi placă și Elenei. Seara, se întoarce acasă și sora lui Robert, Gabi.

"Ei bine, îți place de Elena?" întreabă ea.

"Da, este o fată fermecătoare," răspunde Robert.

"Mă bucur să aud asta. Mâine la prânz iau avionul spre orașul ei. Deja mi-am cumpărat bilet," continuă Gabi.

"Te sfătuiește să vizitezi centrul orașului," zice Robert.

"În regulă. Mulțumește-i pentru sfat, te rog," răspunde Gabi.

Robert stă toată noaptea la masă în sufragerie și compune scrisoarea de dragoste pentru Elena. Îi scrie o declarație lungă de dragoste. În zori, sigilează scrisoarea în plicul roșu și o lasă pe masă. Dimineața, sună un curier și îi dă scrisoarea. Vrea ca Elena să primească declarația lui cât de curând posibil. Robert își face multe griji așa că iese la plimbare. O oră mai târziu, o sună pe Elena.

"Bună dimineața, Lena," o salută el.

sollte sie nicht in das Kaffeehaus ‚Big Bill' gehen. Der Kaffee ist dort grauenvoll!"

„Das werde ich ihr auf jeden Fall ausrichten", sagt Robert und lacht.

Am Abend begleitet Robert Elena bis zum Hotel. Auf dem ganzen Weg nach Hause denkt er dann darüber nach, was er tun soll. Er möchte Elena von seinen Gefühlen erzählen, aber er weiß nicht, wie er es machen soll. Sie verhält sich wie eine gute Freundin und er weiß nicht, wie sie auf sein Geständnis reagieren würde. In ihrer Nähe ist er schüchtern. Deshalb entscheidet er sich schließlich ihr seine Liebe in einem Brief zu gestehen. Aber er möchte ihr die Botschaft nicht per E-Mail senden. Das scheint ihm nicht passend für so ein romantisches Mädchen wie Elena. In einem Laden in der Nähe von zu Hause sieht er Postkarten und farbige Briefkuverts. Robert mag leuchtend rote Briefkuverts und er kauft eines. Er hofft, dass Elena es auch mögen wird. Roberts Schwester Gabi kommt am Abend.

„Und, magst du Elena?", fragt sie.

„Ja, sie ist ein sehr bezauberndes Mädchen", antwortet Robert.

„Ich freue mich das zu hören. Ich werde morgen Mittag in ihre Stadt fliegen. Ich habe das Ticket schon gekauft", redet Gabi weiter.

„Sie empfiehlt dir, das Stadtzentrum zu besichtigen", sagt Robert.

„In Ordnung. Bedanke dich bitte bei ihr für den Ratschlag", antwortet Gabi.

Robert sitzt die ganze Nacht am Tisch im Wohnzimmer und verfasst sein Liebesgeständnis an Elena. Er schreibt ihr ein langes Liebesgeständnis. Bei Tagesanbruch verschließt er den Brief im roten Umschlag und lässt ihn auf dem Tisch liegen. Am Morgen ruft er einen Zustelldienst und gibt ihm den Brief. Er möchte, dass Elena sein Liebesgeständnis so bald wie möglich erhält. Robert macht sich viele Sorgen und deshalb geht er spazieren. Er ruft Elena eine Stunde später an.

„Guten Morgen, Lena", begrüßt er sie.

"Bună dimineața, Robert," îi răspunde ea.

"Ai primit scrisoarea mea deja?" întreabă el, roșind.

"Da, am primit-o," răspunde ea pe un ton rece.

"Poate ne întâlnim să facem o plimbare…" spune el, timid.

"Nu, trebuie să îmi fac bagajul. Deja sunt așteptată acasă," spune ea dur și închide telefonul. Robert e, pur și simplu, disperat. Nu știe ce să facă. Începe să se învinovățească pentru faptul că a scris scrisoarea. Chiar în acel moment, îl sună sora lui. E incredibil de nervoasă.

"Robert, unde este biletul meu de avion? L-am lăsat pe masă în sufragerie! Era într-un plic roșu. Dar acum nu mai e! E doar o scrisoare în plic! Ce-i cu gluma asta proastă?!" strigă Gabi.

Lui Robert nu-i vine să creadă. Acum înțelege totul. Elena a primit de la curier biletul pentru zborul spre casă, iar ea a înțeles că Robert nu o place și că vrea să plece.

"Robert, de ce nu zici nimic?" spune Gabi furioasă. "Unde este biletul meu?"

Robert își dă seama că, astăzi, două femei sunt gata să-l ucidă, în același timp. Dar e fericit că Elena nu este indiferentă față de el. Cu câtă pasiune i-a vorbit! Și ea are sentimente pentru el! Așa că aleargă bucuros acasă, ia scrisoarea de dragoste de pe masă și aleargă la Elena să i-o citească personal.

„Guten Morgen, Robert", antwortet sie ihm.

„Hast du meinen Brief schon bekommen?", fragt er und errötet.

„Ja, habe ich", sagt sie kalt.

„Vielleicht können wir uns treffen und spazieren gehen…", sagt er schüchtern.

„Nein. Ich muss meinen Koffer packen. Zu Hause warten sie schon auf mich", sagt sie schroff und legt auf. Robert ist einfach verzweifelt. Er weiß nicht, was er tun soll. Er beginnt, sich selbst zu kritisieren, weil er das Liebesgeständnis geschrieben hat. In diesem Moment ruft ihn seine Schwester an. Sie ist fürchterlich wütend.

„Robert, wo ist mein Flugticket? Ich habe es auf dem Tisch im Wohnzimmer liegen gelassen! Es war in einem roten Briefkuvert. Aber jetzt ist es weg! Es ist nur ein Brief im Kuvert! Was soll dieser blöde Scherz?!", schreit Gabi.

Robert kann es nicht glauben. Jetzt versteht er alles. Elena hat vom Zustelldienst ein Ticket für den heutigen Flug in ihre Stadt bekommen. Sie war überzeugt davon, dass Robert sie nicht mag und dass er möchte, dass sie die Stadt verlässt.

„Robert, warum sagst du nichts?", sagt Gabi wütend. „Wo ist mein Ticket?".

Robert versteht, dass heute zwei Frauen auf einmal bereit sind, ihn zu töten. Aber er freut sich, dass Elena nicht gleichgültig ist. Wie leidenschaftlich sie mit ihm gesprochen hat! Sie hat auch Gefühle für ihn! Er rennt vergnügt nach Hause, nimmt das Liebesgeständnis vom Tisch und rennt zu Elena, um es ihr persönlich vorzulesen.

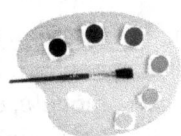

Specialitatea casei

Eine Spezialität des Hauses

 A

Vocabular

Vokabeln

1. a avertiza - Bescheid sagen
2. a început - begann
3. a încerca din greu, a se strădui - sich sehr bemühen
4. a înveli, a împacheta - einpacken
5. a prăji - braten
6. adus - gebracht
7. apetisant - verlockend
8. complicat - kompliziert
9. cuptor - Backrohr, das
10. delicios - köstlich
11. drăguţ - ziemlich
12. folie - Folie, die
13. ieşind - hervorstehend
14. împerechere - Paarung, die
15. în spate - hinter

16. întrerupe - unterbricht
17. leșinat - wurde ohnmächtig
18. minute - Minuten, die
19. oameni - Leute, die
20. pachet - Packung, die
21. picioare - Beine, die
22. picnic - Picknick, das
23. pui - Hähnchen, das
24. rece - kalt
25. scund, mic - kurz
26. specialitate - Spezialität, die
27. stropește - bespritzt
28. surprins, cu ochi mari - mit großen Augen
29. telefon, a telefona - anrufen
30. teribil, groaznic - schrecklich
31. urgent - dringend
32. zgomot - Lärm, der

B

Specialitatea casei

Gabi gătește o mâncare foarte bună de pui cu legume. Este specialitatea ei. Într-o zi, Robert o roagă să-i gătească această mâncare delicioasă. Robert va merge la picnic cu prietenii lui. Vrea să își surprindă prietenii în mod plăcut cu o mâncare gustoasă. Vrea ca Gabi să nu prăjească puiul, ci să-l gătească în cuptor. Dar Gabi îi propune să îl prăjească repede, pentru că nu are suficient timp. Robert e de acord.

"Gabi, nu pot să vin să iau puiul la timp," îi spune Robert. "O să vină Elena la tine să ia puiul, bine?"

"În regulă," spune Gabi "o să i-l dau Elenei."

Gabi se străduiește să gătească bine puiul cu legume. E o mâncare destul de complicată, dar Gabi este o bucătăreasă excelentă. În cele din urmă, puiul e gata. Arată foarte apetisant. Gabi se uită la ceas. Elena ar trebui să ajungă în curând. Însă, chiar atunci, Gabi este sunată de la locul de muncă. Astăzi era ziua ei liberă, dar cei de la serviciu o roagă să vină puțin pentru o chestiune

Eine Spezialität des Hauses

Gabi kocht sehr gutes Hähnchen mit Gemüse. Es ist ihre Spezialität. Eines Tages bittet Robert sie, ihm dieses köstliche Gericht zu kochen. Robert wird mit seinen Freunden ein Picknick machen. Er möchte seinen Freunden mit einem leckeren Gericht eine Freude machen. Er will, dass Gabi das Hähnchen nicht brät, sondern im Backrohr bäckt. Aber Gabi bietet ihm an, es schnell zu braten, weil sie nicht genug Zeit hat. Robert ist einverstanden.

„Gabi, ich habe keine Zeit um vorbeizukommen und das Hähnchen rechtzeitig abzuholen", sagt Robert zu ihr. „Elena wird zu dir kommen und das Hähnchen abholen. In Ordnung?"

„In Ordnung", sagt Gabi, „ich werde es Elena geben."

Gabi bemüht sich sehr, das Hähnchen mit Gemüse gut zu kochen. Es ist ein ziemlich kompliziertes Gericht. Aber Gabi ist eine hervorragende Köchin. Das Hähnchen ist endlich fertig. Das Gericht sieht sehr verlockend aus. Gabi sieht auf die Uhr. Elena sollte bald kommen. Aber plötzlich wird Gabi aus der Arbeit angerufen. Heute hat Gabi frei, aber Leute in ihrer Arbeit bitten sie, wegen eines wichtigen Problems kurz vorbeizukommen. Sie sollte dringend hinfahren. Es ist auch ein altes Kindermädchen und

importantă. Trebuia să plece urgent. Acasă mai erau o bonă bătrână și un copil. Bona a început de abia recent să lucreze pentru ei.

"Trebuie să ies puțin, cu afaceri," îi spune Gabi bonei. "Peste zece minute o să vină o tânără să ia puiul. Dar a început să se răcească. Va trebui să-l împachetați în folie și să i-l dați tinerei.

"În regulă?" întreabă ea.

"Nu vă faceți griji, Gabi. Voi face exact cum spuneți."

"Mulțumesc," îi spune Gabi bonei și pleacă la muncă. Peste zece minute sosește o tânără.

"Bună ziua, am venit să ..." spune ea.

"Știu, știu," o întrerupe bona "deja l-am prăjit."

"L-ați prăjit?" spune fata holbându-se cu ochi mari la bonă.

"Știu că nu-l vroiați prăjit. Dar nu vă faceți griji, l-am gătit bine. A ieșit foarte gustos! Am să vi-l împachetez!" spune bona și merge în bucătărie. Tânăra o urmează pe bonă încet în bucătărie.

"De ce l-ați prăjit?" întreabă tânăra din nou.

"Știu că nu ați vrut să fie gătit așa. Dar nu vă faceți griji," răspunde bona "e chiar gustos, o să vă placă."

Tânăra o observă pe bătrână împachetând ceva prăjit, la care îi atârnau picioarele afară. Brusc, bătrâna aude un zgomot și se întoarce. Vede că tânăra a leșinat.

"Oh, ce groaznic!" exclamă bătrâna. "Ce mă fac acum?" O stropește pe tânără cu apă, iar, încet, tânăra își revine. Chiar în acel moment, Gabi se întoarce acasă.

"Oh, am uitat să vă previn," îi spune Gabi bonei "aceasta e prietena mea

ein Kind zu Hause. Das Kindermädchen hat erst vor kurzem angefangen, bei ihnen zu arbeiten.

„Ich muss kurz beruflich weggehen", sagt Gabi zu dem Kindermädchen. „Eine junge Frau wird das Hähnchen in zehn Minuten abholen. Das Hähnchen wird jetzt schon kalt. Sie müssen es in Folie einpacken und der jungen Frau geben.

„In Ordnung?", fragt sie.

„Machen Sie sich keine Sorgen, Gabi. Ich werde es genau so machen."

„Danke!", bedankt sich Gabi bei dem Kindermädchen und geht aus beruflichen Gründen weg. Zehn Minuten später kommt eine junge Frau.

„Hallo. Ich komme um...", sagt sie.

„Ich weiß, ich weiß", unterbricht sie das Kindermädchen. „Wir haben es schon gebraten."

„Sie haben es gebraten?", die junge Frau starrt das Kindermädchen mit großen Augen an.

„Ich weiß, dass sie es nicht braten wollten. Aber keine Sorge, wir haben es gut gebraten. Es ist sehr lecker geworden. Ich werde es für Sie einpacken", sagt das Kindermädchen und geht in die Küche. Die junge Frau folgt dem Kindermädchen langsam in die Küche.

„Warum haben Sie es gebraten?", fragt die junge Frau noch einmal.

„Ich weiß, dass sie es nicht so haben wollten. Aber keine Sorge", antwortet das Kindermädchen, „es ist sehr lecker. Sie werden sich freuen."

Die junge Frau sieht, dass die alte Frau etwas Gebratenes einpackt. Die Beine stehen hervor. Plötzlich hört die alte Frau einen Lärm und dreht sich um. Sie sieht, dass die junge Frau ohnmächtig geworden ist.

„Oh, wie schrecklich!", schreit die alte Frau. „Was soll ich jetzt machen?" Sie besprizt die junge Frau mit Wasser und die junge Frau kommt langsam zu sich. In diesem Moment kommt Gabi zurück nach Hause.

„Oh, ich habe vergessen, Ihnen Bescheid zu sagen", sagt Gabi zu dem Kindermädchen. „Das ist meine

care a venit să-și ia înapoi pisica. A adus-o la motanul nostru pentru împerechere. Dar ce s-a întâmplat aici?"

Freundin, die gekommen ist um ihre Katze wieder abzuholen. Sie hat sie zu unserem Kater gebracht, damit sie sich paaren können. Und was ist hier passiert?"

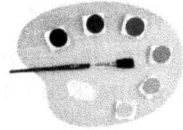

18

Lalele și mere

Tulpen und Äpfel

A

Vocabular

Vokabeln

1. a atârna - hängen
2. a demonstra - beweisen
3. a discuta - diskutieren
4. a înflori - blühen
5. a rezolva - lösen
6. a rupe - zerstören
7. a scris - schrieb
8. aparține - gehört
9. articole - Paragrafen, die
10. caiete - Notizbücher, die

11. creşte - wächst

12. cu entuziasm - enthusiastisch

13. curte - Gericht, das

14. detaliu - Detail, das

15. dispută - Streit, der

16. favorit, preferat - liebsten

17. gard - Zaun, der

18. în vârstă - älterer

19. incorect, fals - falsch

20. interesat - interessiert

21. judecată, bun-simţ - gesunder Menschenverstand

22. judecător - Richter, der

23. jurisprudenţă - Rechtswissenschaft, die

24. lalele - Tulpen, die

25. legi - Gesetze, die

26. măr - Apfel, der

27. părere, punct, moment, opinie - Meinung, die; Stelle, die

28. peste - über

29. primăvară - Frühling, der

30. ramuri - Äste, die

31. să studieze - studiert

32. scutură - schüttelt

33. separat - getrennt

34. simplu - einfach

35. simţ - Verstand, der

36. soluţie - Lösung, die

37. strat de flori - Blumenbeet, das

38. strict - streng

39. uimire, mirare - Erstaunen, das

B

Lalele şi mere

Lui Robert îi place să studieze. Iar unul dintre subiectele lui preferate este jurisprudenţa. Profesorul de jurisprudenţă e în vârstă. Este foarte sever şi adesea dă sarcini dificile studenţilor. Într-o zi, profesorul decide să le dea un test. Le dă o temă interesantă, despre doi vecini: vecinii locuiesc foarte aproape unul de altul. Sunt despărţiţi doar de un gard. De o parte a gardului creşte un măr. De cealaltă parte a gardului e un strat de lalele. Stratul de lalele aparţine celuilalt vecin. Dar mărul este foarte mare. Ramurile sale atârnă peste gard, în grădina vecinului. Merele cad din pom peste stratul de flori şi le rup. Profesorul îi întreabă pe studenţi cum ar rezolva un judecător această

Tulpen und Äpfel

Robert studiert gerne. Und eines seiner liebsten Fächer ist Rechtswissenschaft. Der Lehrer der Rechtswissenschaft ist ein älterer Professor. Er ist sehr streng und gibt seinen Studenten oft schwierig Aufgaben. Eines Tages beschließt der Professor einen Test zu machen. Er stellt eine interessante Aufgabe über zwei Nachbarn. Die Nachbarn leben sehr nahe beieinander. Es steht nur ein Zaun zwischen ihren Grundstücken. Auf der einen Seite des Zauns wächst ein Apfelbaum. Es gibt ein Blumenbeet mit Tulpen auf der anderen Seite des Zauns. Das Blumenbeet gehört dem anderen Nachbarn. Aber der Apfelbaum ist sehr groß. Seine Äste hängen über den Zaun in den Garten des anderen Nachbars. Die Äpfel fallen genau in das Blumenbeet und zerstören die Blumen. Der Professor fragt die Studenten, wie ein

dispută.

Unii studenți consideră că vecinul cu lalelele are dreptate. Alții spun că proprietarul mărului are dreptate. Aduc în discuție diferite legi care să le susțină punctul de vedere. Studenții discută între ei despre problemă, cu entuziasm. Dar în acel moment, profesorul le cere să înceteze disputa.

"Fiecare dintre voi are o părere," spune profesorul. "Acum deschideți caietele și scrieți în detaliu soluția voastră pentru rezolvarea acestei probleme, vă rog."

În sală se face liniște. Fiecare scrie răspunsul în caiet. Robert scrie că proprietarul lalelelor are dreptate și își explică în detaliu punctul de vedere.

După o oră, lecția ia sfârșit și profesorul adună lucrările studenților. Pune toate testele în servietă și e gata de plecare. Însă studenții îl roagă să mai rămână puțin. Sunt interesați să afle care este soluția corectă a problemei.

"Domnule profesor, care era răspunsul corect?" întreabă Robert. "Vrem cu toții să aflăm!"

Profesorul râde subtil.

"Vedeți voi," spune el "e foarte simplu. Lalelele înfloresc primăvara, iar merele cad doar toamna din pom. De aceea, merele nu au cum să cadă peste lalele. Această situație nu poate exista."

Studenții, uimiți, înțeleg că acesta avea dreptate. Iar aceasta înseamnă că răspunsurile lor erau greșite și că vor primi note rele la test.

"Dar, domnule profesor, până la urmă, toți am scris teste bune," spune unul dintre studenți. "Cunoaștem legile destul de bine. Nu ne puteți da note proaste doar din cauza unor lalele."

Dar profesorul scutură din cap.

Richter im Gericht diesen Streit lösen würde.

Einige Studenten glauben, dass der Besitzer der Tulpen recht hat. Andere sagen, dass der Besitzer des Apfelbaumes recht hat. Sie nennen verschiedene Gesetze, die beweisen, dass sie recht haben. Die Studenten diskutieren enthusiastisch die Aufgabe untereinander. Aber an dieser Stelle bittet sie der Professor, den Streit zu beenden.

„Jeder von euch hat seine eigene Meinung", sagt der Professor. „Öffnet jetzt bitte eure Notizbücher für den Test und schreibt bitte eure Lösung für diese Aufgabe im Detail auf."

Es wird still im Klassenzimmer. Alle schreiben ihre Antworten in die Notizbücher. Robert schreibt, dass der Besitzer der Tulpen recht hat und erklärt seine Meinung im Detail.

In einer Stunde geht die Vorlesung zu Ende und der Professor sammelt die Arbeiten der Studenten ein. Er steckt alle Tests zusammen in seinen Koffer und ist kurz davor wegzugehen. Aber die Studenten bitten ihn, noch eine kurze Weile zu bleiben. Sie sind daran interessiert zu wissen, welche Lösung der Aufgabe die richtige ist.

„Herr Professor, was war die richtige Antwort?", fragt Robert. „Wir wollen es alle wissen!"

Der Professor lacht verschmitzt.

„Wisst ihr", antwortet der Professor, „es ist sehr einfach. Tulpen blühen im Frühling. Und Äpfel fallen nur im Herbst vom Baum. Aus diesem Grund können die Äpfel nicht auf die Tulpen fallen. Diese Situation kann nicht stattfinden."

Die Studenten begreifen erstaunt, dass er recht hat. Und das bedeutet, dass ihre Antworten falsch sind und sie schlechte Noten auf ihre Tests bekommen werden.

„Aber Herr Professor, wir haben trotz allem sehr gute Tests geschrieben", sagt einer der Studenten. „Wir kennen die Gesetze ziemlich gut. Sie können uns nicht nur wegen der Tulpen schlechte Noten geben."

Aber der Professor schüttelt seinen Kopf.

"Nu e de ajuns să cunoașteți legile," explică el "ar trebui mai întâi să apelați la propria voastră judecată și abia apoi să vă gândiți la articole de lege."

„Es reicht nicht, die Gesetze zu kennen", erklärt er. „Ihr solltet erst euren gesunden Menschenverstand einschalten und erst dann über die Gesetzesparagrafen nachdenken!"

19

Tort

Torte

 A

Vocabular

Vokabeln

1. a coace - backen
2. a unge, grăsime - einfetten
3. adevărat, real - wirklich
4. calculator - Computer, der
5. cel mai de jos - unterste
6. conform - entsprechend
7. confuz - verwirrt
8. culinar - kulinarisch
9. cuvânt - Wort, das
10. explozie - Explosion, die
11. fiică - Tochter, die
12. frate - Bruder, der

13. frigider - Kühlschrank, der
14. frișcă, cremă - Creme, die
15. fum - Rauch, der
16. împroșcat, împrăștiat - bespritzt
17. în vârstă de opt ani - achtjährige
18. inscripție, etichetă - Aufschrift, die
19. joc - Spiel, der
20. lemn - Holz, das
21. lipici, adeziv - Kleber, der; Klebstoff, der
22. lipire - kleben
23. mândru - stolz
24. miros - Geruch, der
25. muncă - Arbeit, die
26. obiecte - Gegenstände, die
27. omletă - Omelett, das
28. pachet - Packung, die
29. părinți - Eltern, die
30. patruzeci - vierzig
31. periculos - gefährlich
32. piele - Leder, das
33. plin - voll
34. poate - vielleicht
35. porțelan - Porzellan, das
36. rețetă - Rezept, das
37. să coacă - backend
38. să gătească - kocht
39. scris mărunt - Kleingedruckte, das
40. scris, tipar - Druck, der
41. se descurcă, reușește - zurechtkommen
42. se gândește, consideră - hält sich
43. sertar - Schublade, die
44. soră, surioară - Schwester, die; Schwesterherz, das
45. supă - Suppe, die
46. talent - Talent, das
47. tată - Vater, der
48. tati - Vater, der
49. tort - Torte, die
50. tub - Tube, die
51. vitrină, dulap - Schränke, die
52. zi de naștere - Geburtstag, der

B

Tort

Lui Nancy, care are opt ani, îi place foarte mult să gătească. Știe să facă o supă și o omletă delicioase. Linda o ajută uneori pe fiica ei, dar Nancy se descurcă destul de bine și singură. Toată lumea spune că micuța are talent culinar. Nancy este foarte mândră de asta. Se consideră o adevărată bucătăreasă. Așa că, într-o zi se hotărăște să prepare un desert pentru tatăl ei, Cristian, de ziua lui. Vrea să-i facă un tort

Torte

Die achtjährige Nancy kocht sehr gerne. Sie kann eine köstliche Suppe und ein Omelett zubereiten. Linda hilft ihrer Tochter manchmal, aber Nancy kommt auch ganz gut alleine zurecht. Alle sagen, dass das Mädchen ein kulinarisches Talent besitzt. Nancy ist sehr stolz darauf. Sie hält sich selbst für eine echte Köchin. Daher beschließt sie eines Tages, für ihren Vater Christian ein Geschenk zu seinem Geburtstag zuzubereiten. Sie möchte ihm eine köstliche Torte backen. Nancy

delicios și a și găsit o rețetă potrivită pentru tort. Părinții ei pleacă la muncă, iar Nancy rămâne acasă cu fratele ei. Dar David nu o supraveghează. Tocmai se joacă un joc pe calculator în camera lui. Nancy începe să prepare tortul. Urmează cu strictețe rețeta și pare că poate să facă tot ce trebuie, până când, dintr-o dată, citește în rețetă: "Ungeți aluatul cu adeziv culinar." Nancy e confuză. E multă mâncare în frigider, dar nu e niciun adeziv. Începe să caute prin dulapurile din bucătărie, când, dintr-o dată, în cel mai de jos dulap, găsește un tub cu inscripția "Adeziv". Cuvântul "culinar" însă nu apare pe etichetă. Dar Nancy decide că nu e așa de important. Până la urmă, important e că e tot adeziv. Totuși, acest adeziv e pentru lipit obiecte din lemn, piele sau porțelan. Dar Nancy nu a citit aceste informații scrise mărunt pe etichetă. Unge aluatul cu adeziv, conform rețetei. Apoi pune aluatul în cuptor și iese din bucătărie. Tortul trebuie să coacă timp de patruzeci de minute.

După douăzeci de minute se întorc părinții ei acasă.

"De la ce vine mirosul acesta delicios din bucătărie?" întreabă Cristian.

Nancy tocmai ce vrea să îi răspundă, dar dintr-o dată se aude o explozie din bucătărie! Surprins, Cristian deschide ușa la bucătărie și vede întreaga bucătărie plină de fum. Ușa cuptorului e plină de aluat împrăștiat și mai și miroase oribil. Cristian și Linda se uită mirați la fiica lor.

"Ei bine, aveam de gând să fac un tort cu o cremă delicioasă pentru tati..." spune Nancy încet.

"Ce-ai pus în el?" o întreabă fratele ei. "Nu-ți face griji, surioară! Dacă tortul tău este așa periculos, poate că e mai bine că nu a apucat să se coacă!"

findet ein geeignetes Rezept für eine Torte. Ihre Eltern gehen arbeiten und Nancy bleibt mit ihrem Bruder zu Hause. Aber David passt nicht auf sie auf. Er spielt gerade in seinem Zimmer ein Computerspiel. Nancy beginnt, die Torte zuzubereiten. Sie folgt streng dem Rezept und es scheint, als könne sie alles machen. Als sie plötzlich folgendes im Rezept liest: „Fetten Sie den Teig mit kulinarischem Kleber ein." Nancy ist verwirrt. Es gibt sehr viel Essen im Kühlschrank, aber keinen Klebstoff. Sie beginnt in den Küchenschränken zu suchen, als sie plötzlich in der untersten Schublade eine Tube mit der Aufschrift „Kleber" findet. Das Wort „kulinarisch" steht jedoch nicht auf der Packung. Aber Nancy beschließt, dass das nicht so wichtig ist. Das wichtigste ist ja schließlich, dass es Klebstoff ist. Dieser Kleber ist jedoch dazu da, um Gegenstände aus Holz, Leder oder Porzellan zusammenzukleben. Aber Nancy hat das Kleingedruckte nicht gelesen. Sie fettet den Teig entsprechend dem Rezept mit dem Kleber ein. Dann stellt sie den Teig in das Backrohr und verlässt die Küche. Die Torte sollte vierzig Minuten lang backen.

Zwanzig Minuten später kommen ihre Eltern zurück nach Hause.

„Was kommt da für ein köstlicher Geruch aus der Küche?", fragt Christian.

Nancy will ihm gerade antworten, aber plötzlich hören sie eine Explosion in der Küche! Überrascht öffnet Christian die Tür zur Küche und sieht, dass die ganze Küche voller Rauch ist. Die Tür des Backrohrs ist mit Teig bespritzt und es stinkt fürchterlich. Christian und Linda sehen ihre Tochter überrascht an.

„Nun ja, ich wollte eine Torte mit einer leckeren Creme für Papa backen...", sagt Nancy leise.

„Was hast du hineingetan?", fragt ihr Bruder. „Mach dir keine Sorgen, Schwesterherz! Wenn deine Torte so gefährlich ist, ist es vielleicht besser, dass sie nicht fertig gebacken wurde."

20

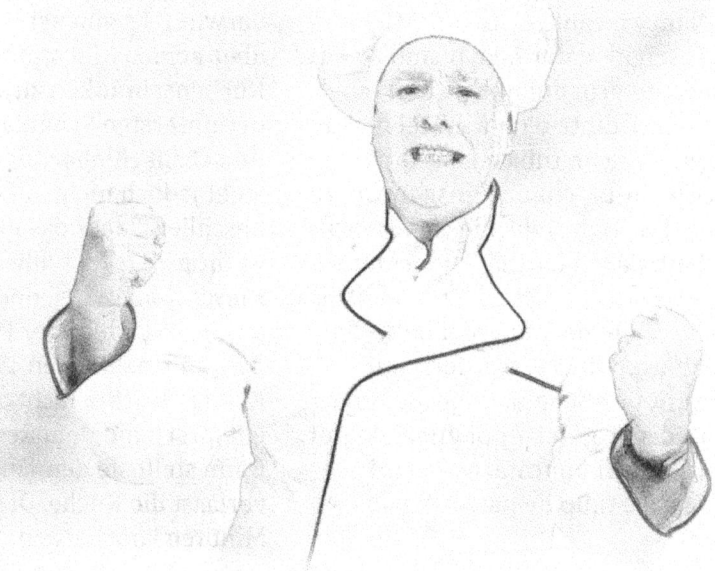

Cină exotică
Exotisches Abendessen

A

Vocabular
Vokabeln

1. a (se) aștepta - erwartet
2. a costa, preț - kostet
3. a crește - heranwächst
4. a încerca - versuchen
5. a răsfoi - blättern
6. a readuce la viață - wiederbeleben
7. a tăia - geschnittenes
8. a vizita, a trece pe la, a opri la - vorbeischauen
9. alege - wählt
10. alternativă - Alternative, die
11. aproape, în apropiere - in der Nähe
12. asiatic - asiatisch
13. bucătar - Koch, der

14. bucătărie (feluri de mâncare specifice) - Küche, die
15. capac - Deckel, der
16. care - welche
17. cel mai bun/bine - besten
18. centimetri - Zentimeter, die
19. chelner, ospătar - Kellner, der
20. cincisprezece - fünfzehn
21. delicatesă - Delikatesse, die
22. dolari - Dollar, der
23. excremente - Exkremente, die
24. exotic - exotisch
25. factură - Rechnung, die
26. farfurie, platou - Teller, der
27. furculiță - Gabel, die
28. gras - fett
29. gust - probieren
30. incredibil - unglaublich
31. în cele din urmă, în sfârșit - schließlich
32. în viață, viu - lebendig
33. înjunghie, înțeapă - spießt
34. între timp - inzwischen
35. leșină - wird ohnmächtig
36. limbă - Sprache, die
37. lungime - Länge, die
38. mărime, dimensiune - Größe, die
39. meniu - Speisekarte, die
40. necioplit, necivilizat - unzivilisiert
41. neobișnuit - ungewöhnliche
42. nimic - nichts
43. nord - Norden, der
44. nu + verb, forma de trecut - machte nicht
45. obiceiuri - Bräuche, die
46. omidă - Raupe, die
47. palid - bleich
48. priviri - Blicke, die
49. puternic - stark
50. rar - selten
51. recent - vor kurzem
52. restaurant - Restaurant, das
53. rușine, stânjeneală - Verlegenheit, die
54. sat - Dorf, das
55. să cheltuie - ausgeben
56. să mănânce - essend
57. să se târască - kriechen
58. să țipe - schreien
59. sălbatic, barbar - Barbar, der
60. sărac - schlecht, arm
61. schimb - austauschen
62. scump - teuer
63. sumă - Betrag, der
64. sută - hundert
65. șaman - Schamane, der
66. tensiune, încordare - Anstrengung, die
67. tradiții - Traditionen, die
68. traducere - Übersetzung, die
69. țară - Land, das
70. uriaș - riesig

B

Cină exotică

Robert și Elena sunt în vacanță într-o țară asiatică. Le place foarte mult să călătorească. Robert e interesat de tradițiile și obiceiurile neobișnuite. Și, bineînțeles, le place să învețe despre bucătăriile diferitelor popoare. Așa că, de data aceasta se decid să oprească la cel mai bun și mai celebru restaurant local. E un restaurant destul de scump, însă doresc să guste cele mai delicioase și interesante feluri de mâncare și nu îi deranjează să cheltuie bani pe asta. Răsfoiesc meniul mult timp. Meniul nu e tradus în engleză. Iar ei nu cunosc deloc limba localnicilor, așa că nu înțeleg nimic. Robert alege unul dintre cele mai scumpe feluri de mâncare - costă două sute douăzeci de dolari. Bucătarul le aduce chiar el la masă acel fel de mâncare costisitor. Acesta dă la o parte capacul, iar pe platou văd o grămadă de legume tocate și frunze, iar în mijloc se află o omidă uriașă și grasă, cam de cincisprezece centimetri lungime. Omida nu este doar imensă, ci și vie! Elena și Robert o privesc stânjeniți. Între timp, omida începe să se târască și să mănânce frunzele din jurul ei, de pe farfurie. Desigur, Elena și Robert nu s-au așteptat deloc la așa ceva! Bucătarul și chelnerul se uită și ei la omidă și nu pleacă. Urmează un moment tensionat, apoi Robert apucă o furculiță și înțeapă omida. În sfârșit, se hotărăște să o mănânce. Bucătarul, când vede asta, leșină! Iar chelnerul începe să țipe într-o limbă pe care ei n-o înțeleg. Robert nu mai înțelege nimic! În acel moment, un alt oaspete, de la o masă vecină, vine spre ei. Acesta îi explică lui Robert într-o engleză stricată că omida nu se mănâncă. Este incredibil de scumpă și durează mai bine de cinci ani să crească atât de mare.

Exotisches Abendessen

Robert und Elena machen in einem asiatischen Land Urlaub. Sie verreisen sehr gerne. Robert interessiert sich für ungewöhnliche Traditionen und Bräuche. Und sie lernen natürlich auch gerne etwas über die Küchen der verschiedenen Länder. Also entscheiden sie sich diesmal dafür, im besten und berühmtesten örtlichen Restaurant vorbeizuschauen. Es ist ein ziemlich teures Restaurant, aber sie wollen die köstlichsten und interessantesten Gerichte probieren und haben nichts dagegen dafür Geld auszugeben. Sie blättern lange durch die Speisekarte. Es gibt keine englische Übersetzung der Speisekarte. Und sie können die örtliche Sprache überhaupt nicht, daher verstehen sie gar nichts. Robert wählt eines der teuersten Gerichte - es kostet zweihundertzwanzig Dollar. Der Koch selbst bringt ihnen dieses teure Gericht. Er nimmt den Deckel ab und sie sehen viel geschnittenes Gemüse und Blätter auf dem Teller. Eine riesige fette Raupe, etwa fünfzehn Zentimeter lang, ist in der Mitte. Die Raupe ist nicht nur riesig, sondern auch lebendig! Elena und Robert sehen sie verlegen an. Inzwischen beginnt die Raupe langsam zu kriechen und die Blätter um sie herum auf dem Teller zu essen. Elena und Robert haben so etwas natürlich überhaupt nicht erwartet! Der Koch und der Kellner schauen auch auf die Raupe und gehen nicht weg. Ein anstrengender Moment folgt. Dann nimmt Robert eine Gabel und spießt die Raupe auf. Er beschließt schließlich sie zu essen. Der Koch sieht es und wird ohnmächtig! Und der Kellner beginnt laut in einer Sprache zu schreien, die sie nicht verstehen. Robert versteht gar nichts. In diesem Moment kommt ein anderer Gast von einem Tisch in der Nähe von ihnen auf sie zu. Er erklärt Robert in schlechtem Englisch, dass diese Raupe nicht gegessen wird. Sie ist unglaublich teuer und es dauert mehr als fünf Jahre, damit sie auf diese Größe heranwächst. Die Exkremente dieser Raupe, die man auf dem Teller findet, wenn sie

Excrementele acelei omizi, pe care le lasă pe farfurie după ce mănâncă frunzele, sunt considerate o delicatesă scumpă. Excrementele omizii costă două sute douăzeci de dolari. Elena și Robert fac schimb de priviri, în tăcere.

"Este un obicei incredibil de necivilizat!" spune Robert.

"Nu, nu este. Acum ei cred că tu ești sălbaticul!" spune un alt oaspete, zâmbind. "Pentru că nu înțelegi acest tip de bucătărie scump! Și, în plus, ai ucis o omidă atât de rară, întocmai ca un adevărat sălbatic!"

În acel moment vine chelnerul palid și le aduce factura pentru omida ucisă. Robert se uită la suma din factură și pălește și el.

"Știți," zice Robert, "am trecut recent printr-un sătuc din nordul țării voastre. Există acolo un șaman excelent, foarte puternic. Poate ar fi de acord să încerce să o readucă la viață... Cred că ar fi o alternativă bună..."

die Blätter isst, gelten als teure Delikatesse. Diese Exkremente der Raupe kosten zweihundertzwanzig Dollar. Elena und Robert tauschen schweigsam Blicke aus.

„Das ist fürchterlich unzivilisiert!", sagt Robert.

„Oh, das ist es nicht. Sie denken nun, dass du der Barbar bist!", sagt ein anderer Gast und lächelt. „Weil du diese teure Küche nicht verstehst! Außerdem hast du diese seltene Raupe getötet, wie ein wirklicher Barbar!"

An dieser Stelle kommt der bleiche Kellner und bringt die Rechnung für die getötete Raupe. Robert schaut den Betrag der Rechnung an und wird auch bleich.

„Wissen Sie", sagt Robert. „Vor kurzem waren wir in einer sehr kleinen Stadt im Norden ihres Landes. Dort gibt es einen hervorragenden, sehr starken Schamanen. Vielleicht ist er einverstanden zu versuchen, sie wieder zum Leben zu bringen?... Ich glaube, das wäre eine gute Alternative..."

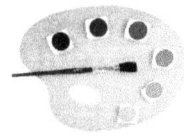

21

Artă pretențioasă
Hochkunst

 A

Vocabular
Vokabeln

1. a arunca - wegwerfen
2. a impresiona - beeindrucken
3. arătat - gezeigt
4. artă - Kunst, die
5. artist - Künstler, der
6. asemănător, similar - ähnlich
7. aspect, înfățișare - Erscheinung, die
8. bomboană, acadea - Bonbon, das
9. cel mai înțelept/cea mai înțeleaptă - weiseste
10. chip, față - Gesicht, das
11. confuzie - Verwirrung, die
12. contrast - Kontrast, der
13. convingător - überzeugend
14. cu siguranță - definitiv

15. cunoștințe - Wissen, das
16. eternitate, veci - Ewigkeit, die
17. evident - offensichtlich
18. exterior - äußere
19. fie..., fie... - entweder ... oder
20. figuri, chipuri - Figuren, die
21. fragilitate - Vergänglichkeit, die
22. frumusețe - Schönheit, die
23. găleată - Eimer, der
24. gânditor, preocupat - nachdenklich
25. gunoi - Müll, der
26. haine - Kleidungsstücke, die
27. înalt/ă - hoch
28. înăuntru - Innere, das
29. incomprehensibil, de neînțeles - unverständlich
30. înțeles - Bedeutung, die
31. inteligență, intelect - Verstand, der
32. inventează - erfindet
33. lăuntric, interior - innere
34. metal - Metall, das
35. milioane - Millionen, die

36. mop - Mopp, der
37. munte - Berg, der
38. murdar - schmutzig
39. muzeu - Museum, das
40. obișnuit, de toate zilele - gewöhnlich
41. oftează - seufzt
42. oglindă - Spiegel, der
43. pantofi - Schuhe, die
44. peisaj - Landschaft, die
45. plastic - Plastik, das
46. poză, tablou - Bild, das
47. profund, adânc - tief
48. sculptură - Skulptur, die
49. serios - ernst
50. simbol - Symbol, das
51. suflet - Seele, die
52. sună - klingt
53. trebuie - müssen
54. uitat - vergessen
55. umplutură, vată - Fütterung, die
56. uniformă - Uniform, die

 B

Artă pretențioasă

Într-o zi, Robert o invită pe Elena la muzeul de artă modernă. Acolo are loc o nouă expoziție. Elenei îi place foarte mult arta. E de acord să meargă la muzeu, însă spune că nu înțelege deloc arta modernă. O consideră prea ciudată. La expoziție ei văd multe lucruri interesante. Elena se oprește lângă un tablou realizat din furculițe de plastic. Se uită cu mare atenție la tablou.

Hochkunst

Eines Tages lädt Robert Elena in das Museum für moderne Kunst ein. Eine neue Ausstellung wird dort eröffnet. Elena hat Kunst sehr gerne. Sie ist einverstanden das Museum zu besuchen, aber sie sagt, dass sie moderne Kunst überhaupt nicht verstehe. Sie hält sie für zu seltsam. In der Ausstellung sehen sie viele interessante Dinge. Elena bleibt bei einem Bild stehen, dass aus Plastikgabeln gemacht wurde. Sie starrt das Bild

Arată ca un peisaj montan.

"Nu, nu e pe gustul meu," spune Elena. "Artiștii moderni sunt prea de neînțeles. În special când creează tablouri din materiale atât de stranii. Uită-te la tabloul acesta. Este frumos?" întrebă Elena. Ei nu-i place tabloul. Nici Robert nu înțelege acest tip de artă. Dar îi place de Elena. Și chiar vrea s-o impresioneze și să o surprindă cu cunoștințele lui. Robert face o față serioasă.

"Știi," spune Robert "în exterior, acest tablou nu e foarte frumos. Dar trebuie să-i vezi frumusețea interioară."

"Poftim?" întrebă Elena surprinsă.

"Frumusețea interioară," repetă Robert. "În acest tablou sunt reprezentați niște munți. Până la urmă, munții există de milioane de ani. Sunt un simbol al eternității," explică Robert. Însă o furculiță de plastic este aruncată cu ușurință. Este un simbol al ceea ce este trecător. Acest contrast ascunde un înțeles foarte profund."

Robert inventează toate acestea pe loc. I se pare că sună convingător. Elena se uită rușinată la Robert. Apoi se uită la tablou și oftează.

"Hai să mergem mai departe," propune Elena.

Merg mai departe și văd multe alte lucruri ciudate. Într-o cameră, văd o bomboană uriașă de metal, înaltă până în tavan, și o sculptură făcută din pantofi vechi. Într-o altă cameră sunt figuri umane făcute din haine cu căptușeală roșie pe dinăuntru. Iar Robert îi spune Elenei câte ceva inteligent despre fiecare lucru în parte.

"Uneori, aceste opere de artă se aseamănă mult cu gunoiul de toate zilele," zice Elena.

Intră în camera următoare, unde văd o oglindă în fața căreia era o găleată plină cu apă murdară.

aufmerksam an. Es sieht aus wie eine Berglandschaft.

„Nein, das ist nicht mein Fall", sagt Elena. „Moderne Künstler sind zu unverständlich. Besonders wenn sie ihre Bilder aus so seltsamen Dingen machen. Sieh dir dieses Bild an. Ist das schön?", fragt Elena. Sie mag das Bild nicht. Robert versteht diese Kunst auch nicht. Aber er mag Elena. Und er möchte sie mit seinem Wissen wirklich beeindrucken und überraschen. Robert macht ein ernstes Gesicht.

„Weißt du", sagt Robert, „die äußere Erscheinung dieses Bildes ist nicht sehr schön. Aber du musst die innere Schönheit sehen."

„Was?", fragt Elena überrascht.

„Die innere Schönheit", wiederholt Robert. „In diesem Bild werden einige Berge gezeigt. Letzten Endes stehen Berge für Millionen von Jahren. Sie sind ein Symbol für die Ewigkeit", erklärt Robert, „aber eine Plastikgabel wird schnell weggeworfen. Sie symbolisiert Vergänglichkeit. In diesem Kontrast liegt eine sehr tiefe Bedeutung."

Robert erfindet das alles, während er spricht. Es scheint ihm, dass es überzeugend klingt. Elena schaut Robert verlegen an. Dann schaut sie auf das Bild und seufzt.

„Lass uns weitergehen", bietet Elena an.

Sie gehen weiter und sehen viele andere seltsame Dinge. In einem Raum sehen sie ein riesiges Bonbon aus Metall, das so hoch ist wie die Decke, und eine Skulptur, die aus alten Schuhen gemacht wurde. In einem anderen Raum sind Menschenfiguren aus Kleidungsstücken, mit einer roten Wattierung im Inneren. Und Robert erzählt Elena etwas Schlaues über jedes dieser Dinge.

„Manchmal sind diese Kunstwerke gewöhnlichem Müll sehr ähnlich", sagt Elena.

Sie gehen in den nächsten Raum und sehen dort einen Spiegel, vor dem ein Eimer voll mit schmutzigem Wasser steht.

"Asta este deja prea de tot!" spune Elena. "Cu siguranță asta nu are niciun înțeles profund!"

"Oh, nu, nu," spune Robert gânditor. "Are un înțeles profund. Este evident că artistul e un om foarte inteligent."

"Da?" întreabă Elena surprinsă.

"Desigur," răspunde Robert. "Știi, într-o oglindă îți poți vedea chipul. Și, tot așa, te poți uita în această găleată cu apă murdară și îți poți vedea chipul. Artistul vrea să sublinieze faptul că fiecare suflet are o latură întunecată. Și că trebuie să o privim și pe aceasta. Este un gând foarte important. Cred că este cea mai bună și cea mai înțeleaptă operă de artă din întreaga expoziție," spune Robert.

"Ești atât de inteligent!" spune Elena și îl ia de mână. Îl admiră pe Robert.

Tocmai atunci, o femeie îmbrăcată într-o uniformă a unei firme de curățenie intră în cameră cu un mop în mână. Se apropie de găleată și li se adresează Elenei și lui Robert.

"Oh, mă scuzați, am uitat să o iau de aici," le spune femeia. Apoi ia găleata și iese cu ea din cameră.

"Ce spuneai?" spune Elena râzând. "Cea mai bună lucrare din expoziție?"

Robert tace confuz. Însă Elena încă e impresionată de intelectul lui.

„Also das ist wirklich zu viel!", sagt Elena. „Das hat definitiv keine Bedeutung!"

„Oh, nein, nein", sagt Robert nachdenklich. „Das hat eine sehr tiefe Bedeutung. Es ist offensichtlich, dass dieser Künstler ein sehr intelligenter Mann ist."

„Ist er das?", fragt Elena überrascht.

„Natürlich", antwortet Robert, „weißt du, in einem Spiegel kannst du dein Gesicht sehen. Und du kannst auch in dieses schmutzige Wasser blicken und dein Gesicht sehen. Der Künstler möchte ausdrücken, dass jede Seele eine dunkle Seite hat. Und dass wir sie uns auch ansehen müssen. Das ist ein sehr wichtiger Gedanke. Ich glaube, dass ist das beste und weiseste Kunstwerk der ganzen Ausstellung", sagt Robert.

„Du bist so intelligent!", sagt Elena und nimmt ihn an der Hand. Sie bewundert Robert.

In diesem Moment betritt eine Frau in der Uniform einer Reinigungsfirma und mit einem Mopp in der Hand den Raum. Sie nähert sich dem Eimer und wendet sich an Elena und Robert.

„Oh, es tut mir leid. Ich habe vergessen, ihn mitzunehmen", sagt die Frau zu ihnen. Sie nimmt den Eimer und trägt ihn aus dem Raum.

„Was hast du gesagt?", sagt Elena und lacht. „Das beste Kunstwerk der Ausstellung?..."

Robert schweigt und ist verwirrt. Aber Elena ist immer noch sehr beeindruckt von seinem Verstand.

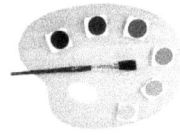

22

Curățenia de primăvară
Frühjahrsputz

 A

Vocabular
Vokabeln

1. a concedia - entlassen
2. a șterge - abwischen
3. accidental, din greșeală - versehentlich
4. aparate electronice - Elektronik, die
5. birou - Büro, das
6. bonusuri - Bonuszahlungen, die
7. camioane - Lastwägen, die
8. caritate - Spenden, die
9. concediat - gefeuert
10. concediere - Entlassung, die
11. corect - richtig
12. curat - sauber
13. curățenie - Sauberkeit, die
14. din nefericire - unglücklicherweise
15. director - Leiter, der
16. discuție - sprechen, reden

17. documente - Unterlagen, die
18. exact, corect - genau
19. foc - feuern
20. formular - Formular, das
21. greșeală - Fehler, der
22. hârtii, documente - Papiere, die
23. perioadă - Zeitraum, der
24. perioadă de probă - Probezeit, die
25. praf - Staub, der
26. reprezentant, deputat, adjunct - stellvertretender
27. știri - Neuigkeiten, die
28. teanc - Stapel, der
29. trimis/ă - gerufen
30. vreodată, niciodată (în propoziții negative) - jemals

Curățenia de primăvară

Robert studiază la universitate și lucrează într-o companie mică. Compania vinde aparate electronice. Robert nu lucrează de mult timp acolo. Dar directorul îi laudă munca. Robert e fericit că toate merg bine la serviciu. Dar, pe neașteptate, directorul adjunct a trimis după Robert. Robert este foarte îngrijorat. Nu știe de ce este chemat. Directorul adjunct îi dă salariul și actele. Robert nu înțelege nimic.

"Îmi pare foarte rău, dar sunteți concediat," spune directorul adjunct.

"Dar de ce?" întreabă Robert.

"Din nefericire, nu ați trecut perioada de probă," spune directorul adjunct.

"Dar directorul îmi laudă munca!" obiectează Robert.

"Îmi pare foarte rău," repetă adjunctul.

Robert își ia actele și obiectele personale și părăsește biroul. E foarte supărat. În drum spre casă, se gândește tot timpul numai la concediere. I se pare foarte ciudat. Dar Robert nu apucă să ajungă acasă, că dintr-o dată îl sună însuși directorul. Îl roagă pe Robert să se întoarcă la birou și îi spune că vrea să

Frühjahrsputz

Robert studiert an der Universität und arbeitet in einer kleinen Firma. Die Firma verkauft Elektronik. Robert arbeitet noch nicht lange dort. Der Leiter lobt seine Arbeit. Robert freut sich, dass in der Arbeit alles gut läuft. Aber plötzlich lässt der stellvertretenden Leiter Robert rufen. Robert macht sich große Sorgen. Er weiß nicht, warum er gerufen wurde. Der stellvertretende Leiter gibt ihm sein Gehalt und seine Unterlagen. Robert versteht gar nichts.

„Es tut mir sehr leid, Ihnen das mitteilen zu müssen, aber Sie sind gefeuert", sagt der stellvertretende Leiter.

„Aber warum?", fragt Robert.

„Unglücklicherweise haben Sie die Probezeit nicht bestanden", sagt der stellvertretende Leiter.

„Aber der Leiter lobt meine Arbeit!", wendet Robert ein.

„Es tut mir sehr leid", wiederholt der stellvertretende Leiter.

Robert nimmt seine Unterlagen und Dinge und verlässt das Büro. Er ist sehr traurig. Auf dem Heimweg denkt er die ganze Zeit über die Entlassung nach. Es erscheint ihm sehr seltsam. Aber Robert schafft es nicht bis nach Hause. Der Leiter selbst ruft ihn plötzlich an. Er bittet Robert zurück ins Büro zu kommen und sagt ihm, dass er

vorbească cu el. Robert este surprins. Dar e de acord să se întoarcă la birou. Speră că îl așteaptă vești bune. Intră în biroul directorului și observă că acesta vorbea cu femeia de serviciu.

"Vă rog," îi spune acesta femeii de serviciu "niciodată să nu mai mișcați hârtiile de pe biroul meu! Nici măcar să nu ștergeți praful de pe ele! Niciodată!"

"Dar era murdar," răspunde femeia de serviciu. "Până la urmă, n-am vrut decât să fac să fie mai bine."

Directorul oftează și dă din cap.

"Robert," spune directorul, "formularul tău era pe biroul meu. Iar doamna de serviciu l-a mutat din greșeală de pe un teanc pe celălalt. Cu alte cuvinte, formularul tău a fost mutat de pe teancul 'Bonusuri', pe teancul 'Concedieri'," explică directorul. "Îmi pare foarte rău că s-a întâmplat așa. Sper să nu se mai întâmple."

Robert e foarte bucuros să audă aceste lucruri. Nu-i vine să creadă ce noroc are.

"Deci nu mă veți concedia?" întrebă Robert. Directorul îi zâmbește.

"Nu, nu te vom concedia. Nu îți face griji," spune directorul "suntem bucuroși să avem în echipa noastră un membru atât de atent și de exact."

"Mulțumesc," spune Robert "astea sunt într-adevăr vești bune."

"Greșeala cu concedierea ta e simplu de corectat," spune directorul "însă documentele aferente a trei camioane cu electronice au fost mutate de pe teancul 'Vânzări', pe teancul 'Caritate'. Curățenia e un lucru costisitor," spune directorul, privind trist spre biroul lui curat.

mit ihm sprechen möchte. Robert ist überrascht. Aber er ist einverstanden ins Büro zurückzufahren. Er hofft, dass ihn gute Neuigkeiten erwarten. Er betritt das Büro des Leiters und sieht, dass der Leiter mit der Reinigungskraft spricht.

„Bitte", sagt er zu der Reinigungskraft, „bewegen sie nie wieder die Papiere auf meinem Tisch! Wischen Sie nicht einmal den Staub von ihnen ab! Nie!"

„Aber es war schmutzig", antwortet die Reinigungskraft, „ich wollte es doch nur besser machen."

Der Leiter seufzt und schüttelt den Kopf.

„Robert", sagt der Leiter, „dein Formular war auf meinem Tisch. Und unsere Reinigungskraft hat es versehentlich von einem Stapel auf den anderen gelegt. Das heißt, dein Formular wurde vom Stapel ‚Bonuszahlungen' auf den Stapel ‚Entlassungen' gelegt", erklärt der Leiter. „Es tut mir sehr leid, dass das passiert ist. Ich hoffe, es kommt nie wieder vor."

Robert freut sich sehr, das zu hören. Er kann sein Glück nicht fassen.

„Also werden Sie mich nicht entlassen?", fragt Robert. Der Leiter lächelt Robert an.

„Nein, wir werden dich nicht entlassen. Mach dir keine Sorgen", sagt der Leiter. „Wir freuen uns, dass wir so einen genauen und sorgfältigen Arbeiter haben."

„Danke", sagt Robert, „das sind wirklich gute Neuigkeiten."

„Der Fehler mit deiner Entlassung ist sehr einfach zu berichtigen", sagt der Leiter, „aber die Unterlagen von den Lastwägen mit Elektronik wurden vom Stapel ‚Verkaufen' auf den Stapel ‚Spenden' gelegt. Sauberkeit ist eine teure Sache", sagt der Leiter und blickt traurig auf seinen sauberen Tisch.

23

Taxi bej
Beiges Taxi

A

Vocabular

Vokabeln

1. a depăși, a înfrânge - bewältigen
2. adresă - Adresse, die
3. agitat, emoționat - nervös
4. alb - weiß
5. bagaj - Gepäck, das
6. bej - beige
7. calm, cu seninătate - ruhig
8. cărând, purtând - tragen
9. cineva - irgendjemand
10. coincide - übereinstimmt
11. confirmat - bestätigt
12. cu răbdare, răbdător - geduldig
13. da - ja
14. examinând, analizând - überprüft

15. expeditori, dispecerat - Vermittlung, die
16. expresie - Ausdruck, der
17. fapt, adevăr - Tatsache, die
18. greu - schwer
19. încarcă - lädt
20. întreabă - fragt nach
21. întreg - ganz
22. mânie, furie, nervi - Wut, die
23. minune, a se întreba - wundert
24. neplăcut - unerfreulich
25. nesfârșit - endlos
26. număr - Kennzeichen, das
27. obligatoriu - verpflichtend
28. Opel - Opel, der
29. ora trei - drei Uhr
30. oriunde - irgendwo
31. politicos - freundlich
32. radio - Funk, der
33. refuză - weigert
34. repovestește - wiederholt
35. rezervare - Reservierung, die
36. s-ar putea, e posibil - vielleicht
37. serviciu de taxi - Taxiunternehmen, das
38. spus - gesagt
39. tren - Zug, der

 B

Taxi bej

Într-o zi, Robert se decide să-și viziteze prietenii. Aceștia locuiesc în alt oraș, așa că Robert ia trenul ca să ajungă acolo. Trenul sosește acolo la ora trei dimineața. Robert nu mai fusese acolo înainte. Nu are niciun număr de telefon de la companiile de taxi din acest oraș. Așa că îi sună pe prietenii săi și îi roagă să cheme ei un taxi pentru el, la gară. Prietenii fac ce le-a cerut. Îi spun că în 10 minute va veni după el un Opel alb. Robert așteaptă și, într-adevăr, după zece minute vine un Opel alb. Șoferul taxiului pune bagajele lui Robert în mașină și îl întreabă unde vrea să ajungă. Robert îi explică că nu știe adresa. Prietenii lui care au chemat taxiul ar fi trebuit să îi dea șoferului de taxi adresa.

"Radioul merge foarte prost aici, deci nu pot să aflu adresa," spune șoferul de taxi. "Te rog să afli adresa de la prietenii tăi. Și trebuie să îi întrebi care e numărul de

Beiges Taxi

Eines Tages beschließt Robert seine Freunde zu besuchen. Sie leben in einer anderen Stadt und Robert nimmt den Zug um dorthin zu fahren. Sein Zug kommt dort um drei Uhr morgens an. Robert ist zum ersten Mal dort. Er hat keine Telefonnummer von den Taxiunternehmen dieser Stadt. Also ruft er seine Freunde an und bittet sie, für ihn ein Taxi zum Bahnhof zu rufen. Seine Freunde machen, um was er sie gebeten hat. Sie sagen, dass ihn in zehn Minuten ein weißer Opel abholen wird. Robert wartet und nach zehn Minuten kommt wirklich ein weißer Opel. Der Taxifahrer stellt Roberts Gepäck in das Auto und fragt ihn, wohin er fahren möchte. Robert erklärt, dass er die Adresse nicht weiß. Seine Freunde, die das Taxi gerufen haben, hätten dem Taxifahrer die Adresse geben sollen.

„Mein Funk funktioniert hier nur schlecht. Ich kann also nicht nach der Adresse fragen", sagt der Taxifahrer, „bitte frag deine Freunde nach der Adresse. Und du musst sie auch nach der

telefon al companiei de taxi la care au sunat," îi spune șoferul.

"De ce?" întreabă Robert.

"Vezi tu, eu nu răspund decât la rezervări," răspunde șoferul de taxi, "e posibil ca prietenii tăi să fi sunat la altă companie de taxi. Asta ar însemna că mă așteaptă alt client și nu pot să te iau pe tine în locul lui."

Robert îi sună pe prietenii săi din nou, trezindu-i iarăși. Aceștia i-au spus, cu răbdare, adresa și numărul de telefon al companiei de taxi. Robert îi repetă totul șoferului de taxi.

"Oh! Acest număr de telefon este de la altă companie. Nu este numărul pentru compania mea de taxi. Înseamnă că altcineva m-a chemat," spune șoferul și scoate bagajele lui Robert din mașină. Robert e confuz.

"Compania dumneavoastră de taxi are poate mai multe numere de telefon," presupune Robert. "Mi s-a spus că un Opel alb va veni după mine în zece minute. Iar dumneavoastră ați venit exact în zece minute. În plus, aveți un Opel alb și nu mai sunt alte taxiuri aici."

"Nu," spune șoferul "acum e clar că va veni un alt taxi după tine. Adevărul este că Opelul meu nu e alb, ci bej. Și trebuie să îl aștepți aici pe cel alb."

Robert se uită la mașină. E posibil să fie bej. Dar la trei dimineața, în întuneric, e greu să deslușești ceva. Taxiul parchează undeva alături și își așteaptă clientul. Iar Robert stă din nou singur, lângă clădirea gării. Îi e frig și e chiar obosit. Mai trec încă zece minute, însă Opelul alb nu apare. Prietenii lui își fac griji și îl sună pe Robert. Se întreabă de ce nu a ajuns deja la ei acasă. Dar el le explică ce s-a întâmplat.

Peste câteva minute, îl sună din nou și îi spun că mașina așteaptă deja la locul stabilit. Compania de taxi tocmai le-a

Telefonnummer des Taxiunternehmens fragen, bei dem sie angerufen haben", fordert der Taxifahrer.

„Warum?", fragt Robert nach.

„Weißt du, ich arbeite nur mit Reservierungen", antwortet der Taxifahrer, „deine Freunde haben vielleicht ein anderes Taxiunternehmen angerufen. Das würde bedeuten, dass ein anderer Kunde auf mich wartet und dass ich nicht dich statt ihm mitnehmen kann."

Robert ruft seine Freunde erneut an und weckt sie mit seinem Anruf erneut auf. Sie nennen ihm geduldig die Adresse und die Telefonnummer des Taxiunternehmens. Robert wiederholt alles für den Taxifahrer.

„Oh! Das ist die Telefonnummer eines anderen Taxiunternehmens. Das ist nicht die Telefonnummer meines Taxiunternehmens. Dann hat mich jemand anderer gerufen", sagt der Taxifahrer und nimmt Roberts Gepäck aus dem Auto. Robert ist verwirrt.

„Ihr Taxiunternehmen hat vielleicht verschiedene Nummern", vermutet Robert, „mir wurde gesagt, dass mich ein weißer Opel in zehn Minuten abholen würde. Und Sie sind genau zehn Minuten später gekommen. Außerdem haben Sie einen weißen Opel und es gibt keine anderen Taxis hier."

„Nein", sagt der Taxifahrer, „es ist jetzt klar, dass dich ein anderes Taxi abholen wird. Tatsache ist, dass mein Opel nicht weiß ist, sondern beige. Und dass du hier auf einen weißen warten musst."

Robert sieht sich das Auto an. Es ist vielleicht beige. Aber um drei Uhr nachts, im Dunkeln, ist es nicht einfach etwas zu erkennen. Der Taxifahrer fährt an die Seite, bleibt stehen und wartet auf seinen Kunden. Und Robert steht wieder alleine in der Nähe des Bahnhofgebäudes. Ihm ist kalt und er ist wirklich müde. Zehn weitere Minuten vergehen, aber der weiße Opel kommt nicht. Seine Freunde machen sich Sorgen und rufen Robert an. Sie wundern sich, warum er noch nicht bei ihnen zu Hause ist. Er erklärt ihnen, was passiert ist.

Einige Minuten später rufen sie wieder an und sagen ihm, dass das Auto bereits am Ort wartet.

confirmat acest lucru. Robert se uită peste tot în jurul gării, dar nu își găsește taxiul. Timpul trece și deja e trei și jumătate. Prietenii lui Robert vor să meargă la culcare. Devin agitați. Nu înțeleg de ce Robert nu-și găsește taxiul. Îl sună pe Robert din nou și îi comunică numărul de înmatriculare al mașinii. Lui Robert i se pare că e prins într-un vis neplăcut și fără de sfârșit. Face ocolul întregii gări, cărând bagajele grele după el și examinând numerele mașinilor. Dar nu e nicăieri nicio mașină cu acel număr de înmatriculare. Când, dintr-o dată, după ce umblă o bună bucată de timp, descoperă că numărul coincide cu cel al taxiului bej Opel.

Robert e foarte furios. Merge înapoi la șoferul de taxi și îi explică întreaga situație. Se străduiește din răsputeri să vorbească politicos și calm.

"Hmm, ca să vezi," spune șoferul de taxi în timp ce încarcă din nou bagajele lui Robert în mașină. Robert se străduiește să își țină în frâu nervii. Până la urmă, s-a învârtit în jurul gării cu valizele grele după el, timp de o oră, și nici nu i-a lăsat pe prietenii lui să doarmă! Și asta doar pentru că acea persoană consideră că mașina lui nu e albă! Și tot ce are de zis e "Hmm!"

"Și cum rămâne cu faptul că mașina dumneavoastră nu e albă, ci bej?" întreabă Robert.

"Da, și pe mine mă afectează că dispeceratul le confundă," răspunde șoferul cu seninătate. "Ei bine, ați confirmat adresa?"

Bineînțeles, Robert nu își mai amintește adresa. Își dă seama că trebuie să îi sune din nou pe prietenii lui. Deja i se pare că nu mai sunt la fel de bucuroși de sosirea lui.

Das Taxiunternehmen hat es gerade bestätigt. Robert geht über das ganze Bahnhofsgelände, aber er kann sein Taxi nicht finden. Die Zeit vergeht und es ist schon halb vier. Roberts Freunde möchten schlafen gehen. Sie werden nervös. Sie verstehen nicht, warum Robert sein Taxi nicht finden kann. Sie rufen Robert noch einmal an und sagen ihm das Kennzeichen des Autos. Robert kommt es so vor, als würde er einen endlosen und unerfreulichen Traum haben. Er geht auf dem gesamten Bahnhof umher, zieht sein schweres Gepäck nach und überprüft die Kennzeichen der Autos. Aber es gibt dort nirgendwo ein Auto mit diesem Kennzeichen. Als er lange umhergelaufen ist, findet er plötzlich heraus, dass das Kennzeichen mit dem Autokennzeichen des Taxifahrers des beigen Opels übereinstimmt.

Robert ist sehr wütend. Er geht zurück zum Taxifahrer und erklärt ihm alles. Er gibt sein Bestes um ruhig und freundlich zu sprechen.

„Hum, Sachen gibt's", sagt der Taxifahrer und lädt Roberts Gepäck wieder in das Auto. Robert gibt sein Bestes um die Wut zu unterdrücken. Er ist schließlich eine Stunde lang mit seinem schweren Koffer am Bahnhof herumgelaufen und hat seine Freunde nicht schlafen lassen! Und das alles, weil sich diese Person weigert ihr Auto als weiß zu betrachten! Und auf all das antwortet er „Hum"!

„Und wie war das mit der Tatsache, dass ihr Auto nicht weiß sondern beige ist?", fragt Robert.

„Ja, es tut mir auch weh, dass die Vermittlung das verwechselt", antwortet der Taxifahrer mit einem ruhigen Ausdruck im Gesicht. „Nun gut, haben Sie die Adresse bestätigt?"

Natürlich kann sich Robert nicht mehr an die Adresse erinnern. Er begreift, dass er seine Freunde noch einmal anrufen muss. Und er nimmt an, dass sie sich über seine Ankunft nicht mehr freuen.

24

Pomul de Crăciun
Weihnachtsbaum

 A

Vocabular

Vokabeln

1. a lega - binden
2. a se potrivi, a încăpea - passt
3. artificii - Feuerwerke, die
4. băieți - Jungs, die
5. conversație - Gespräch, das
6. cumpărături - Einkäufe, die
7. deasupra, pe - Spitze, dis
8. decorațiuni - Dekorationen, die
9. dificultate, problemă - Mühe, die
10. după aceea - später
11. ei înșiși, ele înseși - sie selbst
12. farsă, glumă - Streich, der

13. festiv/ă - festlich
14. foarfecă - Schere, die
15. gunoi - Müll, der
16. ieșire - Ausgang, der
17. încărcând, să încarce - einladen
18. încheie, concluzionează - sagt abschließend
19. loc de muncă - Arbeitsplatz, der
20. magazin - Laden, der
21. măști - Masken, die
22. OK, bine - in Ordnung
23. pa, la revedere - tschüß
24. picior - Fuß, der
25. sărbătoare, aniversare - Feier, die
26. serviciu de livrări - Zustelldienst, der
27. strâns - fest
28. timp liber - Freizeit, die
29. toată lumea, toți, toate - alle, jeder

B

Pom de Crăciun

Lui Robert îi place să-și petreacă timpul liber citind cărți. Lui David îi place să se joace jocuri pe calculator. De asemenea, îi place să-i facă farse surorii și prietenilor lui. Robert și David au și lucruri în comun: le plac sărbătorile cu familia. Crăciunul este sărbătoarea lor preferată. În fiecare an merg la supermarket și cumpără un pom de Crăciun. Anul acesta Robert și David merg împreună la supermarket.

David cumpără de la supermarket cadouri de Crăciun pentru rudele sale. Iar Robert cumpără decorațiuni de Anul Nou, artificii, măști și surprize amuzante. Apoi, merg să aleagă un pom de Crăciun. Aleg un pom frumos și înalt. Robert și David îl ridică și îl cară cu greu până la ieșirea din magazin. Plătesc pentru cumpărături și merg spre ieșirea din magazin. Băieții nu văd niciun un serviciu de livrări în apropiere. Așa că încep să încarce ei înșiși pomul de Crăciun. Pomul de Crăciun însă nu încape în portbagaj. Așa că decid să îl lege pe acoperișul mașinii. Robert merge la magazin și cumpără o frânghie rezistentă. Robert și David pun pomul de Crăciun pe mașină. Nu a mai rămas decât să-l lege strâns. Tocmai atunci îi sună telefonul lui

Weihnachtsbaum

Robert verbringt seine Freizeit gerne damit Bücher zu lesen. David spielt gerne Computerspiele. Er spielt seiner Schwester und seinen Freunden auch gerne Streiche. Robert und David haben auch gemeinsamen Interessen. Sie mögen Familienfeiern. Weihnachten ist Roberts und Davids Lieblingsfest. Jedes Jahr gehen sie in einen Supermarkt und kaufen einen Weihnachtsbaum. Dieses Jahr gehen Robert und David auch zusammen in einen Supermarkt.

David kauft im Supermarkt Weihnachtsgeschenke für seine Verwandten. Robert kauft Dekorationen für Silvester, Feuerwerke, Masken und lustige Überraschungen. Danach gehen sie einen Weihnachtsbaum aussuchen. Sie wählen einen großartigen, hohen Baum. Robert und David nehmen ihn und tragen ihn mühsam zum Ausgang. Sie zahlen für die Einkäufe und gehen zum Ausgang. Die Jungs sehen keinen Zustelldienst in der Nähe. Robert und David beginnen, den Weihnachtsbaum selbst einzuladen. Der Weihnachtsbaum passt nicht in den Kofferraum. Also beschließen sie, ihn auf das Autodach zu binden. Robert geht in den Laden und kauft ein starkes Seil. Robert und David legen den Weihnachtsbaum auf das Autodach. Sie müssen ihn nur fest anbinden. In diesem Moment

Robert, din mașină. Îl sună Gabi, sora lui. Robert intră în mașină și răspunde la apel.

"Alo," spune el.

"Bună, Robert!" spune Gabi.

"Bună, Gabi! Ce faci?" o întreabă Robert.

Între timp, David începe să lege singur pomul de Crăciun. Conversația lui Robert cu Gabi durează cam trei minute.

"Robert, am legat deja pomul de Crăciun," spune David "trebuie să mă duc la muncă urgent, pentru câteva minute, așa că pleacă fără mine, o să vin în aproximativ douăzeci de minute," conchide David. Locul lui de muncă e aproape de supermarket și vrea să meargă acolo pe jos.

"În regulă. Ai legat strâns pomul?" întreabă Robert.

"Nu-ți face griji, l-am legat bine. Pa!" răspunde David, zâmbindu-i șiret lui Robert, și apoi pleacă.

Robert pornește cu mașina spre casa lui David. Pe drum, ceilalți șoferi îi zâmbesc. Și Robert le zâmbește. Se pare că toată lumea a intrat azi în spiritul sărbătorilor! Robert ajunge acasă la David. Oprește mașina. Încearcă să deschidă portiera, dar portiera nu se deschide. Robert observă acum că frânghia trece prin geamurile deschise. Nu poate să iasă pentru că David a legat și geamurile. Robert îi sună pe părinții lui David.

"Da," răspunde Nancy.

"Nancy, sunt Robert. Ai putea să ieși puțin? Și adu și o foarfecă, te rog," o roagă Robert.

Nancy iese și vede că Robert stă în mașină și nu poate să iasă. Începe să râdă. În plus, vede și un coș de gunoi lângă mașină. Robert taie frânghiile și coboară din mașină. Vede și el coșul de gunoi. Robert observă că frânghia e legată și de coșul de gunoi. Robert a condus cu coșul după el tot

klingelt Roberts Handy im Auto. Gabi, seine Schwester, ruft ihn an. Robert steigt in das Auto und hebt ab.

„Hallo", sagt er.

„Hallo, Robert!", sagt Gabi.

„Hallo, Gabi! Wie geht es dir", antwortet Robert. David beginnt, den Baum selbst anzubinden. Roberts und Gabis Gespräch dauert etwa drei Minuten.

„Robert, ich habe den Weihnachtsbaum schon festgebunden", sagt David. „Ich muss schnell für eine Minute in die Arbeit, also fahr schon mal ohne mich. Ich komme in etwa zwanzig Minuten nach", sagt David abschließend. Sein Arbeitsplatz ist nahe beim Supermarkt und er möchte dort zu Fuß hingehen.

„In Ordnung. Hast du den Weihnachtsbaum fest angebunden?", fragt Robert.

„Keine Sorge. Ich habe ihn gut festgebunden. Tschüß", antwortet David, lächelt Robert verschmitzt an und geht.

Robert fährt zu Davids Haus. Auf dem Weg lächeln die anderen Fahrer ihn an. Robert lächelt sie auch an. Jeder ist heute in einer festlichen Stimmung! Robert fährt bis zu Davids Haus. Er hält das Auto an. Robert versucht die Tür des Autos zu öffnen. Aber die Tür öffnet sich nicht. Jetzt sieht Robert, dass das Seil durch die offenen Fenster gebunden ist. Er kann nicht aussteigen, weil David auch die Türen angebunden hat. Robert ruft Davids Eltern an. Davids Schwester hebt ab.

„Ja", Nancy ist am Hörer.

„Nancy, hier spricht Robert. Könntest du kurz nach draußen kommen? Und bring bitte eine Schere mit", bittet sie Robert. Nancy geht nach draußen und sieht, dass Robert im Auto sitzt und nicht aussteigen kann. Sie beginnt zu lachen. Außerdem sieht sie eine Mülltonne bei dem Auto. Robert schneidet das Seil durch und steigt aus. Er sieht auch die Mülltonne. Robert sieht, dass das Seil an die Mülltonne angebunden ist. Robert ist die ganze Zeit mit der Mülltonne hinter ihm

drumul! Era farsa pe care i-a făcut-o David în timp ce el vorbea cu Gabi!

"Acum înțeleg de ce zâmbeau șoferii!" se amuză Robert. Nu e furios pe David, dar știe deja ce farsă o să-i facă.

gefahren! David hat ihm einen Streich gespielt, während er mit Gabi gesprochen hat!

„Jetzt verstehe ich, warum die Fahrer gelächelt haben!", sagt Robert und lacht. Er ist nicht wütend auf David, aber er weiß schon, welchen Streich er ihm spielen wird.

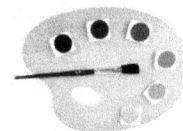

25

Marele incendiu

Großes Feuer

 A

Vocabular

Vokabeln

1. a ierta - vergeben
2. a închide, a opri - ausschalten
3. a petrece, a cheltui - verbringen
4. a se aşeza - es sich bequem machen
5. a se bucura (de ceva) - genießen
6. a uitat - vergaß
7. arde - brennt
8. cinema - Kino, das
9. cinematograf - Kinosaal, der
10. confortabil - bequem
11. drag/ă - Schatz, der
12. fier (de călcat) - Bügeleisen, das
13. film - Film, der
14. film de acţiune - Actionfilm, der

15. influență, a influența - Einfluss, der
16. inundație - Überschwemmung, die
17. neliniștit, stânjenit - unruhig
18. poze - Fotos, die
19. robinet - Wasserhahn, der

20. scenă - Szene, die
21. soție, nevastă - Ehefrau, die
22. țigară - Zigarette, die
23. valoros, de preț - wertvoll
24. vină - Schuld, die

B

Marele Incendiu

De obicei, părinții lui David și Nancy își petrec sfârșitul de săptămână acasă. Dar astăzi, Linda și Cristian se duc la cinema.

Cristian încuie ușa. Nu mai era nimeni acasă. David și Nancy au plecat în vizită la Robert și Gabi.

Linda și Cristian intră în cinematograf și își ocupă locurile. Începe filmul. E un film de acțiune. Lindei și lui Cristian le plac filmele de acțiune. Dintr-o dată, Linda spune: "Dragule, mi se pare că ai uitat să-ți stingi țigara acasă."

"Ți se pare doar. Totul e în regulă. Calmează-te și bucură-te de film," îi șoptește Cristian nevestei.

"Da, ai dreptate, Cristian," spune Linda. Se așează confortabil în scaun, zâmbește și urmărește filmul. Dar, dintr-o dată, apare în film o scenă cu un incendiu. Linda strigă: "Cristian! Dacă am uitat să scot fierul de călcat din priză?"

"Linda, filmul nu îți face bine!" spune Cristian. Linda încearcă să se calmeze. Dar nu durează mult. Zice din nou: "Cristian, de ce nu poți să înțelegi? Focul arde tot în urma lui: documente, bani, poze, obiecte de valoare! Nu mai pot sta aici!" Linda se ridică și se îndreaptă spre ieșire. Cristian aleargă după ea. Iau un taxi și merg spre acasă.

Cristian e foarte supărat. Voia să petreacă o

Großes Feuer

Die Eltern von David und Nancy verbringen das Wochenende normalerweise zu Hause. Aber heute gehen Linda und Christian ins Kino.

Christian schließt die Tür. Es ist niemand zu Hause. David und Nancy sind Robert und Gabi besuchen gegangen.

Linda und Christian gehen in den Kinosaal und setzen sich. Der Film beginnt. Es ist ein Actionfilm. Linda und Christian mögen Actionfilme. Plötzlich sagt Linda: „Schatz! Ich glaube, dass du zu Hause vergessen hast eine Zigarette auszumachen."

„Das glaubst du nur. Alles ist in Ordnung. Beruhige dich und genieß den Film", antwortet Christian ruhig seiner Frau.

„Ja, du hast recht, Christian", sagt Linda. Sie macht es sich in ihrem Stuhl bequem, lächelt und schaut den Film. Aber plötzlich gibt es eine Feuerszene im Film. Linda schreit: „Christian! Was ist, wenn ich vergessen habe, das Bügeleisen auszuschalten?"

„Linda, der Film tut dir nicht gut!", sagt Christian. Linda versucht sich zu beruhigen. Aber es dauert nicht lange. Sie sagt noch einmal: „Christian, warum kannst du das nicht verstehen? Feuer verbrennt alles - Unterlagen, Geld, Fotos, Wertsachen! Ich kann hier nicht länger sitzen bleiben!" Linda steht auf und geht zum Ausgang. Christian rennt ihr nach. Sie nehmen ein Taxi und fahren nach Hause.

Christian ist sehr traurig. Er wollte den Abend

seară cu soția lui, urmărind un film interesant.

"Linda, îmi pare rău, dar uneori strici totul! Voiam așa de mult să văd un film cu tine și apoi, seara, să ne plimbăm prin oraș, apoi să mergem la o cafenea!" spune Cristian.

Linda se simte vinovată.

"Iartă-mă, Cristian. Dar pur și simplu mă simt neliniștită," îi spune Linda soțului ei.

Cristian e mulțumit că soția lui își recunoaște vina. Ajung acasă la ei și coboară din mașină.

"Cristian!" țipă Linda. Privesc spre casă și ce văd? În fața casei se află o mașină de pompieri și câțiva polițiști. Cristian și Linda aleargă în casă, dar nu e niciun incendiu, ci o inundație! Linda a uitat să închidă robinetul când a plecat la cinema cu soțul ei.

damit verbringen, einen interessanten Film mit seiner Frau zu sehen.

„Linda, es tut mir leid, aber manchmal ruinierst du alles! Ich habe mich sehr darauf gefreut einen Film mit dir anzusehen, dann mit dir in der Stadt nachts spazieren zu gehen und in ein Café zu gehen!", sagt Christian.

Linda fühlt sich schuldig.

„Vergib mir, Christian! Ich bin nur so unruhig", sagt Linda zu ihrem Ehemann.

Christian freut sich, dass seine Ehefrau ihren Fehler zugibt. Sie kommen bei ihrem Haus an und steigen aus dem Auto.

„Christian!", schreit Linda. Sie schauen auf ihr Haus. Und was sehen sie? Vor dem Haus stehen ein Feuerwehrwagen und einige Polizisten. Christian und Linda rennen in das Haus. Dort ist kein Feuer, aber eine Überschwemmung! Linda hatte vergessen einen Wasserhahn abzudrehen, als sie mit ihrem Ehemann ins Kino ging.

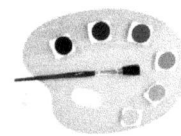

26

Atenție, câine rău!

Vorsicht, wütender Hund!

A

Vocabular

Vokabeln

1. a (se) întinde - dehnen
2. a aruncat - geworfen
3. a lătra - bellen
4. a rupt - zerriss
5. cauciuc - Gummi, der
6. chiar și așa, totuși, cu toate acestea - trotzdem
7. cunoștință, amic - Bekannte, der
8. cușcă (de câine) - Hundehütte, die
9. disciplinat - diszipliniert
10. fior, tremurat - Schauder, der
11. fir - Faden, der
12. folosind - verwendet
13. formează un număr de telefon - wählt
14. garou - Tourniquet, das
15. grăbit, sărit, repezit - losgestürzt
16. în mod ciudat, straniu, neobișnuit - seltsam

17. în mod neobișnuit - ungewöhnlich
18. lanț - Kette, die
19. lătrând, să latre - bellend
20. medical - medizinisch
21. metri - Meter, die
22. poartă - Tor, das

23. puternic - stark
24. știind, cunoscând - wissend
25. temperament - Temperament, das
26. temporar - vorübergehend
27. văzut - gesehen
28. zdrobit, prăbușit - gekracht

Atenție, câine rău!

Într-o zi, Robert merge în vizită la un amic. Acesta are acasă un câine mare. Câinele, de obicei, este legat cu un lanț de cușca lui. Avertismentul de pe poartă, "Atenție, câine rău!" este foarte adevărat. Robert cunoaște temperamentul câinelui, așa că se oprește departe de poartă și formează numărul de telefon al amicului său. Vrea ca acesta să iasă și să țină câinele. Astfel Robert poate să se strecoare repede în casă.

Cu toate acestea, câinele îl aude pe Robert și iese din cușcă lătrând. Deși Robert e separat de câine de un gard, simte un fior - câinele uriaș e legat doar cu o frânghie subțire, aproape cât un fir de ață...

Dar câinele se comportă ciudat de data aceasta. Aleargă către Robert, dar privește înapoi, spre frânghie, tot timpul. Aleargă până într-un punct, unde frânghia se întinde puțin, apoi se oprește. Și doar după aceea începe să latre tare la Robert. Amicul lui iese din casă și ține câinele. Robert și amicul său intră în casă.

"Cum de acum este, în mod neobișnuit, așa de disciplinat?" întrebă Robert. "Înainte aproape că rupea lanțul, atât de feroce se repezea la atac."

Vorsicht, wütender Hund!

Eines Tages geht Robert seinen Bekannten besuchen. Er hat einen großen Hund zu Hause. Der Hund ist normalerweise neben seiner Hundehütte angekettet. Der Hinweis auf dem Tor „Vorsicht, wütender Hund!" ist wirklich wahr. Robert kennt das Temperament des Hundes, deshalb bleibt er weit entfernt vom Tor stehen und wählt die Telefonnummer seines Bekannten. Er möchte, dass sein Bekannter herauskommt und den Hund festhält. Dann kann Robert schnell in das Haus gehen.

Der Hund hört Robert trotzdem und kommt aus der Hundehütte um zu bellen. Obwohl Robert durch einen Zaun vom Hund getrennt ist, fühlt er ein Schaudern - der riesige Hund hängt nur an einer dünnen Leine, beinahe einem Faden ...

Aber der Hund verhält sich dieses Mal seltsam. Er rennt zu Robert, aber schaut die ganze Zeit zurück auf die Leine. Er rennt, bis sich die Leine ein wenig dehnt, und bleibt dann stehen. Und erst dann beginnt er Robert laut anzubellen. Sein Bekannter kommt aus dem Haus und hält den Hund zurück. Robert und sein Bekannter gehen in das Haus.

„Warum ist er so ungewöhnlich diszipliniert?", fragt Robert. „Früher hat er die Kette beinahe zerrissen - so heftig ist er losgestürzt um zu attackieren."

"Nu doar lanțul," răspunde amicul lui Robert. "Cu ce nu l-am legat? Am încercat tot. Când a rupt și ultimul lanț rezistent, nu mai aveam cu ce să-l leg. Nu mai aveam decât un garou medicinal de cauciuc. Ei bine, m-am gândit, o să-l leg temporar, până mă duc la magazin după un nou lanț. L-am legat și tocmai atunci a trecut un vecin pe-aici. Câinele, ca de obicei, s-a repezit să latre. Dar de data aceasta, banda de cauciuc s-a întins și l-a aruncat pe câine în spate, aproape trei metri. S-a prăbușit în cușcă. Apoi, același lucru s-a mai întâmplat de câteva ori. A doua zi, am văzut că devenise mai atent. Avea tot timpul grijă ca banda să nu se întindă. N-am avut timp să cumpăr un nou lanț. Iar recent, mama a avut nevoie de garou. L-am luat jos și i l-am dat ei. Folosesc sfoara asta subțire deja de câteva zile. Dar câinele a devenit mai atent!"

„Nicht nur die Kette", antwortet Robert Bekannter, „mit was habe ich ihn nicht festgebunden? Ich habe alles versucht. Als er die letzte starke Kette zerrissen hat, hatte ich nichts mehr, um ihn festzubinden. Ich hatte nur noch ein medizinisches Tourniquet aus Gummi. Ich dachte mir, gut, ich werde ihn vorübergehend damit festbinden, bis ich in einen Laden gehe, um eine neue Kette zu kaufen. Ich habe ihn festgebunden und dann kam ein Nachbar vorbei. Also ist der Hund wie immer bellend losgestürzt. Aber dieses Mal hat sich das Tourniquet aus Gummi gedehnt und hat dann den Hund etwa drei Meter zurückgeworfen! Er ist in die Hundehütte gekracht. Das gleiche ist noch ein paar Mal passiert ist. Am nächsten Tag habe ich gesehen, dass der Hund vorsichtiger wurde. Er hat die ganze Zeit darauf aufgepasst, dass sich das Tourniquet nicht dehnt. Ich hatte keine Zeit eine neue Kette zu kaufen. Und meine Mutter hat das Tourniquet vor kurzem gebraucht. Ich habe es abgenommen und ihr gegeben. Ich habe diese dünne Leine schon sein einigen Tagen verwendet. Aber der Hund ist vorsichtiger geworden!"

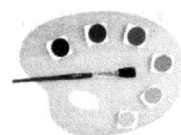

27

Greșeala lui Marte
Der Fehler von Mars

A

Vocabular

Vokabeln

1. a apărea - erscheinen
2. a avea noroc, a fi norocos - Glück haben
3. a băga în priză - Stecker, der
4. cablu - Kabel, das
5. călăului - Scharfrichter, der
6. carpetă, covor - Teppich, der
7. casă, gospodărie, familie - Haushalt, der
8. cu bun simț - vernünftig
9. cu succes, cu bine - erfolgreich
10. ecran - Bildschirm, der
11. electric - elektrisch
12. fișier - Datei, die
13. fotoliu - Lehnstuhl, der
14. iertat - vergeben

15. împingând, să împingă - drücken
16. lăbuță - Pfote, die
17. Marte - Mars
18. medieval - mittelalterlich
19. opțiune - Möglichkeit, die
20. pace - Friede, der
21. prins - gefangen
22. priză - Steckdose, die
23. rar - selten
24. reușește - hat Erfolg
25. sfârșit, terminat - ausgegangen
26. sub - unter
27. uragan - Hurrikan, der

B

Greșeala lui Marte

Într-o seară, David stă pe canapea și citește o revistă. Mama lui era pe-aproape, la calculator, cu niște treabă. Liniște și pace... Dar, dintr-o dată, motanul Marte se repede în cameră. E un adevărat uragan domestic! În numai cinci secunde, motanul face ocolul camerei de trei ori, se urcă pe o carpetă, sare de acolo direct pe David, apoi fuge sub canapea, iese de acolo, se scutură și mai face alte o sută de lucruri nu tocmai de bun simț. Apoi motanul se așează în mijlocul camerei și cugetă – oare ce altceva să mai facă? Să se joace cu cineva din familie nu prea se poate momentan. În acel moment, motanul observă un cablu de la calculator. Sare pe un fotoliu și începe să se joace cu cablul electric. Înainte ca David să aibă timp să reacționeze, motanul reușește să termine ce-a început. Cablul iese puțin din priză și... calculatorul se oprește! Mama lui David se uită la ecranul negru și nu își dă seama ce se întâmplă. Dintr-o dată își aduce aminte că și-a salvat fișierul pe calculator în urmă cu două ore. Apoi Linda se întoarce către motan, iar pe chipul ei se poate citi zâmbetul unui călău medieval. Motanul începe să simtă cum sfârșitul vieții sale fericite era aproape, cu toate că a mieunat prea

Der Fehler von Mars

Eines Abends sitzt David auf dem Sofa und ließt eine Zeitschrift. Seine Mutter sitzt in der Nähe am Computer und erledigt ein bisschen Arbeit. Es ist ruhig und still... Und dann kommt der Kater Mars in das Zimmer gestürzt. Er ist ein wirklicher Hurrikan im Haushalt! In nur fünf Sekunden rennt er drei Mal durch das Zimmer, klettert auf einen Teppich, springt von dort direkt zu David, rennt dann unter das Sofa, kommt wieder hervor, schüttelt sich und macht hundert andere nicht sehr vernünftige Dinge. Dann sitzt der Kater in der Mitte des Zimmers und überlegt - was sollte er sonst noch machen? Mit jemandem aus der Familie zu spielen ist gerade nicht möglich. In diesem Moment bemerkt der Kater das Stromkabel des Computers. Der Kater springt auf einen Lehnstuhl und beginnt mit dem Stromkabel zu spielen. Bevor David irgendetwas unternehmen kann, gelingt es dem Kater die Aufgabe zu beenden, die er angefangen hat. Der Stromstecker kommt ein Stück aus der Steckdose. Und... der Computer schaltet sich aus! Davids Mutter schaut auf den schwarzen Bildschirm und merkt nicht, was gerade passiert. Plötzlich erinnert sie sich daran, dass sie die Datei vor zwei Stunden auf dem Computer gespeichert hat. Dann dreht sich Linda langsam in Richtung des Katers und man kann das Lächeln eines mittelalterlichen Scharfrichters in ihrem Gesicht erkennen. Der Kater beginnt zu fühlen, dass das Ende seines glücklichen Lebens naht. Aber er hat so wenig miaut, hat so wenige Mäuse gefangen, hat so

puțin, a prins prea puțini șoareci și abia dacă s-a jucat cu pisica vecină, Fedora. Apoi Marte se întoarce către cablul care nu era complet scos din priză și începe să-l împingă înapoi cu lăbuța. Probabil speră că dacă va rezolva totul, va fi iertat. Și a reușit! Cablul se află în priză, iar calculatorul pornește! Marte părăsește repede camera și se întinde lângă fereastra din bucătărie. Privește spre stradă și probabil se gândește că a avut foarte mare noroc că totul s-a încheiat cu bine.

selten mit der Nachbarkatze Fedora gespielt. Und dann dreht sich Mars zu dem Stecker, der nicht ganz aus der Steckdose gerutscht ist, und beginnt ihn mit seiner Pfote wieder in die Steckdose zu drücken. Er hofft wahrscheinlich, dass ihm vergeben wird, wenn er alles reparieren kann. Und er hat Erfolg! Der Stecker steckt in der Steckdose und der Computer schaltet sich ein! Mars verlässt schnell das Zimmer und legt sich neben ein Fenster in der Küche. Er schaut auf die Straße und denkt wahrscheinlich, dass er sehr viel Glück hatte, dass alles so erfolgreich ausgegangen ist.

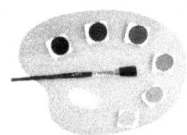

28

Când nu-ți aștepți rândul
Sich vordrängeln

 A

Vocabular
Vokabeln

1. a nu-ți aștepta rândul - sich vordrängen
2. acei/acele - diese
3. administrator, manager - Geschäftsführer, der
4. alimentară - Laden an der Ecke
5. a-și cere scuze - sich entschuldigen
6. bani - Bargeld, das
7. brânză - Käse, der
8. cârnat - Wurst, die
9. casă, casierie - Kasse, die
10. circumstanțe, situații - Umstände, die
11. coleg de școală - Schulfreund, der

12. de când - seit
13. domn - Herr, der
14. explicaţie - Erklärung, die
15. fost, anterior - früherer
16. împotriva - gegen
17. indignat, furios - empört
18. kilogram - Kilogramm, das
19. mândru, cu mândrie - stolz
20. modest - bescheiden
21. mostre - Proben, die
22. neruşinare, impertinenţă - Unverschämtheit, die
23. nervos - wütend
24. organizaţie - Organisation, die
25. pâine - Brot, das
26. pâine, franzelă - Laib, der
27. păşit - stieg
28. prieten - Kerl, der; Junge, der
29. răzbunare - Rache, die
30. risc - Risiko, das
31. roşie, tomată - Tomate, die
32. se adresează - spricht an
33. suc - Saft, der
34. supraveghere - überwachend
35. susţine, sprijină - gibt Halt, hält fest
36. vândut - verkauft
37. vânzătoare - Verkäuferin, die
38. zis, spus - gesagt

B

Când nu-ţi aştepţi rândul

Într-o zi, David merge la alimentara de pe colţ să cumpere cârnaţi şi brânză. Sunt mulţi oameni în magazin. David se aşează la rând şi priveşte în jur. Fostul coleg de şcoală al lui David, Mihai, intră în magazin şi se duce direct la casă, fără să acorde nicio atenţie rândului. La şcoală, Mihai era un băiat modest. Dacă cineva îl călca pe picior, el era cel care-şi cerea scuze. Nu se schimbase de atunci, aşa că dacă a decis să meargă în faţa rândului, atunci, cu siguranţă, era o situaţie foarte gravă. După ce, de mai multe ori, şi-a cerut scuze oamenilor care stăteau la rând, i se adresează vânzătoarei pe nume: "Iulia, dă-mi, te rog, un kilogram de cârnaţi, o pâine şi un pachet de suc de roşii."

Surprinşi de asemenea impertinenţă, cei care stăteau la rând se înfurie pe Mihai.

Sich vordrängeln

Eines Tages geht David in den Laden an der Ecke um Wurst und Käse zu kaufen. Es sind viele Leute im Laden. David stellt sich in der Schlange an und sieht sich um. Davids früherer Schulfreund, Michael, betritt den Laden und geht direkt zur Kasse, ohne die Schlange zu beachten. Michael war ein bescheidener Junge in der Schule. Wenn jemand auf seinen Fuß stieg, war er es, der sich entschuldigte. Er hatte sich seitdem nicht verändert und wenn er beschloss, sich vorzudrängen, dann mussten die Umstände sehr ernst sein. Er hatte sich mehrmals bei den Leuten in der Schlange entschuldigt und spricht nun die Verkäuferin mit ihrem Namen an: „Julia, gib mir ein Kilogramm Wurst, einen Laib Brot und eine Packung Tomatensaft, bitte."

Überrascht von dieser Unverschämtheit, zeigen sich die Leute in der Schlange empört

Acesta răspunde cu "Îmi pare rău" sau "Îmi cer scuze" oricărei remarci care i se adresa. După ce își mai cere scuze o dată și se îndepărtează de rând, oamenii discută cu vânzătoarea, cerându-i o explicație.

"Bună, Mihai!" îi spune David zâmbind. "Ce mai faci, prietene?"

"David!" spune Michael. "Bună, drag prieten! Nu ne-am mai văzut de mult!"

Dar oamenii din rând nu se liniștesc. O bătrânică cere să vorbească cu managerul.

"Domnule manager," îi spune vânzătoarea fostului coleg al lui David "vor să vorbească cu dumneavoastră!"

"Chiar dacă sunteți dumneavoastră managerul, tot nu aveți niciun drept să încălcați regulile!" strigă bătrâna furioasă. Îl lovește pe Mihai peste picior cu sacoșa și iese mândră din magazin. David îl ține ferm pe Mihai ca să nu cadă. Se uită cu precauție la ceilalți oameni care stăteau la rând. Dar ei sunt mulțumiți cu răzbunarea bătrânei și nu le mai cordă atenție.

"O comisie de evaluare necesită imediat niște mostre din produsele vândute în magazinul nostru," îi explică Mihai lui David. "Nu mă gândeam că îmi asum riscuri așa de mari când am rugat-o pe vânzătoare să îmi dea aceste mostre."

über Michael. Michael antwortet „Es tut mir leid" oder „Entschuldigung" auf jeden Satz, der gegen ihn gerichtet ist. Als er sich noch einmal entschuldigt und von der Schlange weggeht, reden die Leute mit der Verkäuferin und fordern eine Erklärung.

„Hallo, Michael!", sagt David zu ihm und lächelt. „Wie geht es dir, alter Junge?"

„David!", sagt Michael. „Hallo, mein Lieber! Lange nicht gesehen!"

Aber die Leute in der Schlange beruhigen sich nicht. Eine kleine alte Frau verlangt den Geschäftsführer.

„Herr Geschäftsführer", sagt die Verkäuferin zu Davids früherem Schulfreund, „man verlangt nach Ihnen!"

„Auch wenn Sie der Geschäftsführer sind, haben Sie trotzdem kein Recht, die Regeln zu brechen!", schreit die alte Frau wütend. Sie schlägt Michaels Bein mit ihrer Tasche und verlässt stolz den Laden. David hält Michael fest, damit er nicht umfällt. Sie sehen die anderen Leute in der Schlange mit Vorsicht an. Aber die sind mit der Rache der alten Frau zufrieden und drehen sich von ihnen weg.

„Eine Kontrollfirma fordert dringend Proben von Nahrungsmitteln, die in unserem Laden verkauft werden", erklärt Michael David. „Ich dachte mir nicht, dass ich ein Risiko eingehen würde, indem ich die Verkäuferin bitte, mir diese Proben zu geben."

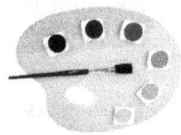

29

13

Locul cu numărul treisprezece
Sitzplatz Nummer dreizehn

 A

Vocabular
Vokabeln

1. a afişa - posten
2. a ieşi din cont - ausloggen
3. a intra, a se alătura, a se înrola - beitretend
4. a încărca, a taxa - aufladen
5. a nu se putea - kann nicht
6. a pierde, a irosi - vergeuden
7. a plânge - weinen
8. a se căsători - heiraten
9. a studia, a învăţa - lernen
10. a traduce - übersetzen
11. a trece - vergehen
12. armată - Heer, das
13. autobuz - Bus, der
14. bucuros, cu bucurie - erfreut
15. chemând, strigând, sunând - ruft gerade an
16. conexiune, legătură - Verbindung, die
17. cont - Account, der
18. cunoştinţă, amic - Bekannte, der

19. exercițiu - Übung, die
20. ieri - gestern
21. îngrijorat - besorgt
22. laptop - Laptop, der
23. loc - Sitzplatz, der
24. manual - Arbeitsbuch, das
25. mesaj - Nachricht, die
26. pe neașteptate, dintr-o dată - unerwartet
27. pleacă - fährt ab
28. profil - Profil, das
29. propoziții - Sätze, die
30. să sune - läuten
31. sărută - küsst
32. spaniolă - Spanisch
33. șterge - löscht
34. tabletă - Tablet, das
35. text - Text, der
36. tramvai - Straßenbahn, die
37. treisprezece - dreizehn
38. tunel - Tunnel, der
39. Twitter - Twitter
40. ușor, lumină - aufleuchten

 B

Locul cu numărul treisprezece

Robert merge în vizită la prietena lui, Elena. El nu o anunță, pentru că vrea să îi facă o vizită neașteptată. Vrea să o ceară în căsătorie.

Robert cumpără un bilet de autobuz. Drumul până acolo durează două ore. Dar Robert nu vrea să irosească timpul. Ia cu el un manual. Vrea să învețe spaniolă.

Robert urcă în autobuz. Are locul cu numărul treisprezece. Pe scaunul de lângă el se așează un bărbat. Autobuzul pleacă din stație. Robert își scoate manualul. Începe să rezolve primul exercițiu. Robert trebuie să traducă un text. Abia ce traduce două propoziții când începe să-i sune telefonul mobil. E David.

"Bună, Robert, e adevărat?" îl întreabă David.

"Da, e adevărat," răspunde Robert. "Dar... cum ai aflat?"

"Am citit pe Twitter. E grozav! Păcat că nu

Sitzplatz Nummer dreizehn

Robert fährt seine Freundin Elena besuchen. Er sagt ihr nicht Bescheid, weil er unerwartet kommen will. Er möchte sie fragen, ob sie ihn heiraten will.

Robert kauft eine Fahrkarte für den Bus. Die Fahrt dorthin dauert zwei Stunden. Robert möchte seine Zeit nicht vergeuden. Er nimmt ein Arbeitsbuch mit. Er möchte Spanisch lernen.

Robert steigt in den Bus. Er hat Sitzplatz Nummer dreizehn. Ein Mann setzt sich neben ihn. Der Bus fährt vom Busbahnhof ab. Robert nimmt sein Arbeitsbuch heraus. Er beginnt mit der ersten Übung. Robert muss einen Text übersetzen. Er übersetzt nur zwei Sätze, dann beginnt sein Handy zu läuten. David ruft gerade an.

„Hallo, Robert. Ist es wahr?", fragt David.

„Ja, es ist wahr", antwortet Robert. „Also... wie hast du davon erfahren?"

„Ich habe es auf Twitter gelesen. Es ist großartig! Es ist schade, dass wir uns länger

ne vom putea vedea în curând. Îți urez noroc!" spune David și încheie conversația.	nicht sehen. Ich wünsche dir viel Glück!", sagt David und beendet das Gespräch.
Robert nu înțelege nimic. De ce să nu se revadă în curând? Și nici nu a postat pe Twitter că merge la Elena ca să o ceară în căsătorie. Robert își scoate din nou manualul. Încearcă să învețe spaniolă. Trec cam cincisprezece minute. Telefonul mobil sună din nou. Pe ecran apare numărul Lenei.	Robert versteht nichts. Warum werden sie sich länger nicht sehen? Er hat auch nicht auf Twitter gepostet, dass er zu Elena fährt, um sie zu bitten, ihn zu heiraten. Robert nimmt sein Textbuch wieder heraus. Er versucht Spanisch zu lernen. Es vergehen ungefähr fünfzehn Minuten. Das Handy läutet noch einmal. Lenas Telefonnummer erscheint auf dem Bildschirm.
"Bună, Robert," spune Lena.	„Hallo, Robert", sagt Lena.
"Bună, Lena," răspunde Robert.	„Hallo, Lena", antwortet Robert.
"De ce nu mi-ai spus nimic despre asta?" spune Elena începând să plângă. "O să te aștept..."	„Warum hast du mir nichts davon erzählt?", sagt Elena und beginnt zu weinen. „Ich werde auf dich warten..."
Autobuzul intră într-un tunel iar conexiunea se întrerupe. Robert e confuz. Se uită în manual, dar nu poate să învețe. Se gândește la telefoanele ciudate. Apoi vede numărul treisprezece pe locul său. Robert începe să se îngrijoreze. Scoate telefonul mobil ca să o sune pe Elena. Ecranul telefonului mobil nu mai lumina. Robert a uitat să-l încarce.	Der Bus fährt in einen Tunnel und die Verbindung wird unterbrochen. Robert ist verwirrt. Er schaut in sein Arbeitsbuch, aber er kann nicht lernen. Er denkt an die seltsamen Anrufe. Dann sieht er die Zahl dreizehn auf seinem Sitzplatz. Robert wird unruhig. Er nimmt sein Handy heraus, um Elena anzurufen. Der Bildschirm des Handys leuchtet nicht auf. Robert hat vergessen es aufzuladen.
Autobuzul sosește în orașul Elenei după o oră. Robert pleacă din stație și ia un tramvai până la casa Elenei. Ajunge la locuința ei luând-o prin surprindere, iar Elena e foarte îngrijorată.	Der Bus kommt eine Stunde später in Elenas Stadt an. Robert verlässt den Busbahnhof und nimmt die Straßenbahn zu Elenas Haus. Er kommt unerwartet zu ihrem Haus und Lena ist sehr besorgt.
"Bună, Lena," spune el, îmbrățișând-o.	„Hallo, Lena", sagt er und umarmt sie.
"Bună, Robert," răpunde Elena. E bucuroasă că a venit Robert și îl sărută.	„Hallo, Robert", antwortet Elena. Sie freut sich, dass Robert gekommen ist. Sie küsst ihn.
"De ce mi-ai spus că mă vei aștepta?" întreabă Robert. "Mă vei aștepta să mă întorc de unde?"	„Warum hast du mir gesagt, dass du auf mich warten würdest?", fragt Robert. „Auf mich warten um von wo zurückzukommen?"
"Am citit pe Twitter că ai de gând să te înrolezi în armată," spune ea.	„Ich habe auf Twitter gelesen, dass du dem Heer beitreten willst", sagt sie.
Robert își amintește că scrisese ceva pe Twitter cu o seară înainte, de pe tableta unui amic, iar când a terminat a uitat să iasă din cont. Robert își dă seama că amicul lui îi făcuse o farsă. O roagă pe Lena să-și	Robert erinnert sich, dass er gestern Abend auf dem Tablet seines Bekannten etwas auf Twitter gepostet hat, und dass er vergessen hat, sich aus seinem Account auszuloggen. Robert merkt, dass sein Bekannter ihm einen Streich gespielt

pornească laptopul. Intră în contul său și șterge mesajul "Mă voi înrola în armată". Robert și Elena râd. Apoi Robert îl sună pe David și îi spune toată povestea. Îi povestește, de asemenea, că Lena i-a acceptat cererea în căsătorie.

"Sunt foarte încântat că ai de gând să te însori, în loc să pleci în armată!" spune David cu bucurie.

hat. Er bittet Lena, ihren Laptop einzuschalten. Er loggt sich in seinen Account ein und löscht die Nachricht „Ich werde dem Heer beitreten". Robert und Elena lachen. Robert ruft David an und erzählt ihm die ganze Geschichte. Er erzählt ihm auch, dass Lena zugestimmt hat, ihn zu heiraten.

„Ich freue mich sehr, dass du heiraten wirst statt dem Heer beizutreten!", sagt David erfreut.

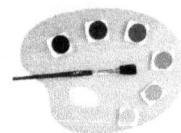

30

Temă de casă
Hausaufgabe

 A

Vocabular
Vokabeln

1. a fi bucuros, a se bucura - sich freuen
2. bucuros - glücklich
3. capabil - tüchtig
4. ceartă, învinovățește - schimpft
5. clasă - Klasse, die
6. după amiază - Nachmittag
7. făcut, gata - gemacht
8. foaie - Blatt, das

9. îngrozitor - fürchterlich
10. neverificat - unkorrigiert
11. oră, clasă - Unterricht, der

12. prostuț, bleg - dumm
13. singur - einzigen

B

Temă de casă

Nancy merge la școală în clasa a III-a. Linda și Christian acordă multă atenție studiilor ei. Întotdeauna îi corectează temele. Dar le este greu să-i corecteze tema la spaniolă. Așa că, întotdeauna David îi verifică tema la spaniolă. Nancy este o fată capabilă, dar îi este greu să învețe bine la spaniolă. De aceea, David o ajută mult la această materie.

După un timp, Nancy începe să facă toate exercițiile fără greșeli. Christian și Linda sunt bucuroși că învață bine la spaniolă.

Într-o seară, David corectează tema surorii sale la spaniolă, ca de obicei. Constată că totul e corect. Nu are nici măcar o greșeală. David e foarte bucuros. Le arată lui Christian și Lindei tema surorii lui. Toți sunt fericiți și o laudă pe Nancy.

Dar în dimineața următoare, Linda observă pe biroul fiicei sale o foaie de hârtie cu tema pe care David a corectat-o cu o seară înainte. Linda își dă seama că fetița uitase foaia pe birou. Își face griji pentru fiica ei, pentru că se dusese la școală fără temă.

După masa, Nancy vine acasă, iar Linda o întreabă: "Ți-ai uitat azi acasă tema la spaniolă?" întreabă ea. "Ai luat o notă rea din cauza asta?"

"Nu, mamă," răspunde fiica ei. "Totul e în regulă în ceea ce privește tema. Am luat notă bună. De ce crezi asta?" zice Nancy

Hausaufgabe

Nancy geht in der Schule in die dritte Klasse. Linda und Christian geben sehr viel Acht auf ihre Studien. Sie korrigieren immer ihre Hausaufgaben. Aber es fällt ihnen schwer, Spanisch zu korrigieren. Also korrigiert David immer Spanisch. Nancy ist ein tüchtiges Mädchen. Aber es fällt ihr schwer, gut Spanisch zu lernen. Also hilft ihr David viel zu lernen.

Nach einiger Zeit beginnt Nancy alle Übungen ohne Fehler zu machen. Christian und Linda freuen sich, dass sie so gut Spanisch lernt.

Eines Abends korrigiert David wie immer die Spanischhausübung seiner Schwester. Er sieht, dass alles richtig gemacht ist. Es gibt keinen einzigen Fehler. David freut sich sehr. Er zeigt die Hausübung seiner Schwester Christian und Linda. Alle sind sehr glücklich und loben Nancy.

Aber am nächsten Morgen sieht Linda ein Blatt Papier mit der Hausübung, die David gestern korrigiert hat, auf dem Tisch ihrer Tochter. Linda merkt, dass ihre Tochter das Blatt Papier auf dem Tisch vergessen hat. Sie macht sich Sorgen um ihre Tochter, weil sie heute ohne ihre Hausübung in den Unterricht gegangen ist.

Nancy kommt am Nachmittag nach Hause und Linda fragt sie: „Hast du heute deine Hausübung für Spanisch vergessen?", fragt sie. „Und hast du jetzt eine schlechte Note dafür bekommen?"

„Nein, Mama", antwortet ihr ihre Tochter. „Die Aufgabe war in Ordnung. Ich habe eine gute Note bekommen. Warum glaubst du das?", sagt Nancy überrascht.

mirată.

"Ai luat notă bună?" zice Linda, surprinsă și ea. "Cum se poate așa ceva? E aici pe masă. Aceasta e tema pentru azi, pe care a corectat-o David."

"Aceasta e tema pentru ieri," îi explică fiica ei. "Am corectat-o ieri, în clasă."

Linda nu înțelege ce se întâmplă...

"Și de ce l-ai rugat pe David să corecteze o temă veche, care deja fusese corectată în clasă?" întreabă Linda. "De ce nu i-ai cerut să-ți corecteze tema pentru azi?"

"De ce nu poți să înțelegi?" îi spune fata. "Aș fi prostuță să-i arăt o temă necorectată. David țipă la mine și mă ceartă îngrozitor pentru fiecare greșeală! Așa că îi dau temele din ziua precedentă, pe care deja le-am corectat la școală."

„Du hast eine gute Note bekommen?", Linda ist auch überrascht. „Aber wie ist das möglich? Sie liegt hier auf dem Tisch. Das ist die Hausübung für heute, die David korrigiert hat."

„Das ist die Hausübung von gestern", erklärt ihr ihre Tochter, „wir haben sie gestern im Unterricht korrigiert."

Linda versteht nicht, was los ist...

„Und warum hast du David gebeten, eine alte Hausübung zu korrigieren, die schon im Unterricht korrigiert wurde?", fragt Linda. „Warum hast du ihn nicht gebeten, die Aufgabe zu korrigieren, die du für heute bekommen hast?"

„Warum kannst du das nicht verstehen", sagt ihre Tochter zu ihr, „es wäre dumm, ihm unkorrigierte Arbeiten zu zeigen. David schreit mich an und schimpft fürchterlich mit mir wegen jedes Fehlers! Deshalb gebe ich ihm die Aufgaben von gestern, die wir schon in der Schule korrigiert haben.

Wörterbuch Rumänisch-Deutsch

a (+verb), la - in, nach, zu
a (se) aștepta - erwartet
a (se) grăbi, grabă - die Eile
a (se) întinde - dehnen
a (se) mișca - bewegen
a aduna - sammeln
a afișa - posten
a ajunge - kommen an
a ajunge la, a se întinde spre - erreichen
a aminti - erinnerst
a angaja - einstellen
a apărea - erscheinen
a arunca - wegwerfen
a aruncat - geworfen
a aștepta - warten
a atârna - hängen
a auzi - hören
a avea - haben
a avea de gând, a intenționa, a se referi - meinst
a avea noroc, a fi norocos - Glück haben
a avertiza - Bescheid sagen
a băga în priză - der Stecker
a bea - trinken
a cădea - einschlafen
a cânta - singer
a câștiga - verdienen
a chema - rufen
a cincea - fünfte
a coace - backen
a concedia - entlassen
a continuat - geht weiter
a costa, preț - kostet
a crește - heranwächst
a culege, a alege - sammeln
a cumpăra - kaufen
a da, a oferi - schenken
a demonstra - beweisen
a depăși, a înfrânge - bewältigen
a deține, propriul/propria - eigener
a devenit - wurde
a discuta - diskutieren
a dispera, disperare - die Verzweiflung
a dormi bine, a se odihni - durchschlafen
a dormi, somn - schlafen

a duce, a căra, a purta - tragen
a elimina, a înlătura - beheben
a face - machen
(a face) cunoștință (cu) - bekannt
a făcut un compliment - ein Kompliment gemacht
a fi - sein
a fi atent - beachten
a fi bucuros, a se bucura - sich freuen
a fi fericit/ă - sich freuen
a flata - schmeicheln
a fost - gewesen
a fost/era - war
a fugi, a alerga - rennt
a găsi - finden
a ghici, a presupune - der Versuch
a hrăni - füttern
a ierta - vergeben
a ieși din cont - ausloggen
a îmbunătăți - aufhellen
a împacheta - packen
a impresiona - beeindrucken
a încărca, a taxa - aufladen
a început - begann
a încerca - versuchen
a încerca din greu, a se strădui - sich sehr bemühen
a închide, a opri - ausschalten, schließt
a încuia - sperren
a indica a arăta cu degetul - zeigt
a înflori - blühen
a întâlni - treffen
a întâlnit - getroffen
a înțelege, a-și da seama - versteht
a înțeles, și-a dat seama - verstand
a intra, a se alătura, a se înrola - beitretend
a întreba - fragen
a înveli, a împacheta - einpacken
a lăsa, a permite - lässt
a lătra - bellen
a lătrat - bellte
a lega - binden
a lua - nehmen
a lui Robert - Roberts
a mânca - essen

a mârâi - das Knurren
a mea, al meu - meine
a mers - ging
a modifica, a schimba - ändern
a monta, a instala - installiert
a mulțumi - danken
a mușca - beißen
a mușcat - gebissen
a noastră, al nostru, ai noștri, ale noastre - unsere
a nu se putea - kann nicht
a nu-ți aștepta rândul - sich vordrängen
a oferi - anbieten
a participa - besuchen
a patra - vierte
a păzi, a veghea, a privi - aufpassen
a petrece, a cheltui - verbringen
a pierde, a irosi - vergeuden, verlieren
a plăcea, precum, ca - gerne etwas tun
a plânge - weinen
a pleca - lassen
a plimba câinele - mit dem Hund Gassi gehen
a prăji - braten
a primi - erhält
a privi, a se uita - sehen, schauen
a pune - setzen, legen, stellen
a putea - können
a râde - lachen
a rămâne, a sta - bleiben
a răsfoi - blättern
a reacționa - reagieren
a readuce la viață - wiederbeleben
a recunoaște - erkenne wieder, gebe zu
a repara - reparieren
a reține, a prinde - festnehmen
a rezolva - lösen
a rupe - zerstören
a rupt - zerriss
a scris - schrieb
a se apropia - kommen näher
a se așeza - es sich bequem machen
a se bucura (de ceva) - genießen
a se căsători - heiraten
a se duce, a merge - gehen
a se înscrie, a aplica - bewerben
a se juca - spielen
a se odihni, odihnă, pauză - die Pause
a se potrivi, a încăpea - passt
a se pregăti - zubereite
a se ridica - aufstehen
a se ruga - beten
a se teme - Angst haben
a sfătui - empfehlen
a simți - fühlen
a spera, speranță - hoffe
a șterge - abwischen
a ști - weiß
a strica - ruinieren
a studia, a învăța - lernen
a suferi, a face rău - weh tun
a tăia - geschnittenes
a ține - halten
a traduce - übersetzen
a trece - vergehen
a trișa - mogeln
a ucide - töten
a uitat - vergaß
a unge, grăsime - einfetten
a vedea, a înțelege, a-și da seama - sehen
a veni - kommen
a verifica - überprüfen
a vinde - verkaufen
a vizita, vizită, a trece pe la, a opri la - vorbeischauen, besucht
a vorbi - sprechen
a vrea - wollen
a zbura - fliegen
absolut, complet, perfect - komplett
acasă - das Zuhause
accidental, din greșeală - versehentlich
acei/acele - diese
același, aceeași, aceiași, aceleași - gleichen
acest/acesta, această/aceasta - diese
acești/a, aceste/a - diese
acolo - dort
activ, plin de viață - aktiv
acum - jetzt
acum un an, cu un an în urmă - vor einem Jahr
acvariu - das Aquarium
adevăr - die Wahrheit
adevărat - wahr, wirklich
administrator, manager - der Geschäftsführer
admiră - bewundert

adormit, a adormi - schläft
adresă - die Adresse
aduce - bringt
adus - gebracht
afară - draußen, heraus
agitat, emoționat - nervös
ah - oh
a-i păsa - kümmerst
aici - hier
ajută - hilft
ajutor, a ajuta - helfen
al doilea/a doua - zweite
al treilea/a treia - dritte
al zecelea/a zecea - zehnten
al/a/ai/ale lui/lor/ei - sein, ihr, ihre
al/a/ai /ale pisicii/motanului - seines Katers
al/a/ai/ale câinelui - des Hundes
al/a/ai/ale păpușii - das Puppenbett
alb - weiß
aleargă - rennt
aleatoriu, la întâmplare - zufällig
alege - wählt
alergare - joggen
alimentară - Laden an der Ecke
alt, altul/altă, alta - anderen; einem anderen
alternativă - die Alternative
amuzant, haios - lustig
an - das Jahr
angajat - der Angestellte
ani - die Jahre
animal - das Tier
animal de casă/companie - das Haustier
animale de companie - die Haustilere
antrenat, în formă - trainiert
apă - das Wasser
aparate electronice - die Elektronik
apare, se vede - wird sichtbar
apartament - die Wohnung
aparține - gehört
apasă - drückt
apetisant - verlockend
aproape, în apropiere, în jur de, lângă - beinahe, in der Nähe, herum, nahe
apucă, prinde - nimmt
ar (+verb) - würde
ar putea - könnte

ar trebui - sollte
arată - schaut an, zeigt
arătat - gezeigt
arde - brennt
are (sau verb auxiliar) - hat
arhitect - der Architekt
armată - das Heer
artă - die Kunst
articol hotărât - der, die, das
articole - die Paragrafen
artificii - die Feuerwerke
artist - der Künstler
aruncând o privire - in den Augen behalten
așa de, atât de - solch
ascultă - hört zu
ascultător - gehorsam
asemănător, similar - ähnlich
a-și aminti - erinnern
a-și cere scuze - sich entschuldigen
a-și da seama, a depista - erwischen
asiatic - asiatisch
aspect, înfățișare - die Erscheinung
asta e - das ist, so
astăzi - heute
așteaptă - wartet
atacă - attackiert
atârnă - hängt
atașat - befestigt
atunci - dann
aude - hört
autobuz - der Bus
autor - der Autor
autoritar - fordernde
auzit - wird gehört
aventuri - die Abenteuer
avion - das Flugzeug
avut - hatte
(ba) mai mult - zudem
bagaj - das Gepäck
băieți - die Jungs
bancă - die Bank
bani - das Bargeld, das Geld
bărbat - der Mann
bătrân, vechi - alt
bea - trinkt
bej - beige
Biblie - die Bibel
bibliotecă - die Bibliothek

bilet - das Ticket
bine - gut
bine hrănit - gut gefüttert
bine, OK - in Ordnung
birou, catedră, bancă (la şcoală) - das Büro, der Tisch
blând, bun, simpatic - nette
bolnav/ă - krank
bomboană, acadea - das Bonbon
bonă - das Kindermädchen
bonusuri - die Bonuszahlungen
brânză - der Käse
braţe - die Arme
bronzare - sonnenbaden
bucătar - der Koch
bucătărie (feluri de mâncare specifice) - die Küche
bucuros/bucuroasă, fericit, cu bucurie - glücklich, fröhlich, erfreut, vergnügt
bun, bună, bine, frumos - gut, hervorragend, großartig
bună, salut - hallo
că, acel/acea - dass
cablu - das Kabel
cadou, prezent - das Geschenk
cadouri - die Geschenke
cafea - der Kaffee
cafenea - das Café
caiete - die Notizbücher
câine - der Hund
călătoreşte - reist
călăului - der Scharfrichter
calculator - der Computer
calm, cu seninătate, liniştit - ruhig
cameră - das Zimmer
cămine studenţeşti - das Studentenwohnheim
camioane - die Lastwägen
canapea - das Sofa
când - wann
cântă - singend
cap - der Kopf
capabil - tüchtig
capac - der Deckel
capăt, sfârşit - das Ende
capitală - die Hauptstadt
capodoperă - das Meisterwerk
capricios - launisch

cărând, purtând - tragen
care - welche
care se îndepărtează, îndepărtându-se - abfahrend
caritate - die Spenden
cârnat - die Wurst
carpetă, covor - der Teppich
cărţi - die Bücher
cărţi poştale, vederi - die Postkarten
casă, gospodărie, familie, casierie - das Haus, der Haushalt, die Kasse
căsătorit/ă - verheiratet
catedrală - die Kathedrale
câteodată, uneori - manchmal
câteva, câţiva - einige
cauciuc - der Gummi
caz - der Fall
ce - was
cea/cel mai mare - höchste
ceai - der Tee
ceartă, învinovăţeşte - schimpft
ceaşcă - die Trinkschale
cel mai aproape/apropiat - nächsten
cel mai bun/bine - besten
cel mai de jos - unterste
cel mai faimos, cel mai cunoscut - berühmteste
cel mai înţelept/cea mai înţeleaptă - weiseste
cel mai interesant - interessanteste
cel mai mare (ca vârstă) - älteste
cel mai tare - am lautesten
cel/cea mai mare - größte
centimetri - die Zentimeter
centru - das Zentrum
cere, pretinde - fordert
cerut, necesar - vorgeschriebenen
ceva - etwas
cheamă - nennt
chelner, ospătar - der Kellner
chemând, strigând, sunând - ruft gerade an
chiar - sogar, wirklich
chiar aici - gleich hier
chiar şi aşa, totuşi, cu toate acestea - trotzdem
chip, faţă - das Gesicht
chirurgie dentară - die Zahnklinik
cină - das Abendessen

cinci - fünf
cincisprezece - fünfzehn
cine - wer
cinema - das Kino
cinematograf - der Kinosaal
cineva - irgendjemand, jemandem
circumstanțe, situații - die Umstände
citește - liest
ciudat - seltsam
ciupercă - der Pilz
clădire, construcție - der Bau
clădiri - die Gebäude
clar, distinct, limpede - klar, deutlich
clasă - die Klasse
client - der Kunde
coadă - der Schweif
coincide - übereinstimmt
coleg de școală - der Schulfreund
colegi - die Kollegen
colorat - farbige
colț - die Ecke
companie - die Firma
companie de construcții - die Baufirma
compartiment - das Abteil
competent - kompetent
complet - ganz
complicat - kompliziert
compliment - das Kompliment
compoziție, conținut - der Aufsatz
compune - verfasst
comun, obișnuit - gemeinsam
concediat - gefeuert
concediere - die Entlassung
conduce - fährt
conexiune, legătură - die Verbindung
confirmat - bestätigt
conform - entsprechend
confortabil - bequem
confuz - verwirrt
confuzie - die Verwirrung
constructori - die Bauarbeiter
cont - der Account
continuă - behält, spricht weiter
contrast - der Kontrast
conversație - das Gespräch
conversație, discuți - chatten
convingător - überzeugend
convinge - überzeugt

copac - der Baum
copiam - kopieren
copiat - kopiert
copii - die Kinder
copil - das Kind
corect - richtig
costum de baie - der Badeanzug
coșuri - die Körbe
Crăciun - das Weihnachten
crede, are impresia, bănuiește - denkt, glaubt
crește - wächst
crezut - dachte
crocodil - das Krokodil
cu - mit
cu afaceri - geschäftlich
cu atenție, cu grijă - aufmerksam, genau, sorgfältig
cu bun simț - vernünftig
cu entuziasm - aufgeregt, enthusiastisch
cu grijă, atent - gewissenhaft
cu nemulțumire, cu repros - unzufrieden
cu pasiune - emotional
cu plăcere - gern geschehen
cu răbdare, răbdător - geduldig
cu seriozitate - ernst
cu sfială, cu ezitare - zögerlich
cu siguranță - definitiv
cu strictețe - streng
cu succes, cu bine - erfolgreich
cu toate acestea, oricum, totuși - jedoch
cu veselie, vesel - fröhlich
culinar - kulinarisch
cum - wie
cumpără - kauft
cumpărat - gekauft
cumpărături - die Einkäufe
cunoștință, amic - der Bekannte
cunoștințe - das Wissen
cuptor - das Backrohr
curajos - mutig, tapfere
curat - sauber
curățenie - die Sauberkeit
curier - der Zustelldienst
curios - neugierig
cursuri - der Unterricht, die Vorlesungen
curte - das Gericht, der Hof

cuşcă - der Käfig; cuşcă (de câine) - die Hundehütte
cuvânt - das Wort
dă din cap afirmativ, aprobă din cap - nickt
dă telefon - ruft an
dă, oferă - gibt, ja
dacă - wenn
dar - aber
dat - gegeben
de aproape - genau
de asemenea, şi - auch
de băut - trinkend
de când - seit
de către - bei, an
de ce - warum
de obicei - normalerweise
de parcă - wie
de primă clasă - erstklassig
deasupra, pe - Spitze, dis
decât, ca - als
deci - so
decide - entscheidet
decis - beschloßen
declaraţie, mărturisire - das Geständnis
decoraţiuni - die Dekorationen,
defect - der Defekt,
deget - der Finger
deja - schon
delicatesă - die Delikatesse
delicios - köstlich
dentist - der Zahnarzt
departament - das Institut
departe, plecat - weg, weit
depăşeşte - überholt
des, adesea - oft
deschis/ă - öffnen
deşi - jedoch
deşi, totuşi - obwohl
desigur - natürlich
despre - über
deştept - intelligent
destul de - ziemlich
destul, suficient - genug
detaliu - das Detail
devine - wird
devreme - früh
diferit - anders
dificil, greu - schwierig

dificultate, problemă - die Mühe
dimineaţă - der Morgen
din apropiere, din vecinătate - in der Nachbarschaft
din nefericire, cu tristeţe - unglücklicherweise, traurig
din nou - noch einmal
din, de la - von
dinte - der Zahn
dintr-o dată, brusc - sofort, plötzlich
direct - direkt, gerade
direcţie - die Richtung
director - der Leiter
disciplinat - diszipliniert
discuţie - sprechen, reden
dispoziţie, stare de spirit - die Stimmung
dispută - der Streit
divers - verschiedene
doamnă - die Madame
doar, abia, numai - nur, gerade
doarme - schlafend, schläft
doctor, medic - der Arzt
documente - die Unterlagen
doi/două - zwei
dolari - der Dollar
domeniu - der Arbeitsbereich
domn - der Herr
douăzeci - zwanzig
drag/ă - Lieber; der Schatz
dragoste, iubire - lieben
drăguţ - ziemlich
dreptate, justiţie - die Gerechtigkeit
drum - die Straße
duce, cară, poartă - trägt
dulciuri - die Süßigkeiten
duminică - der Sonntag
după - nach
după aceea - später
după amiază - Nachmittag
dur - schroff
durere de dinte/de măsea - die Zahnschmerzen
e păcat - es ist schade
ea - sie
ea însăşi - sich
ebraică - das Hebräisch
ecran - der Bildschirm
ediţie - die Ausgabe

ei, ele - sie, ihnen
ei înşişi, ele înseşi - sie selbst
el însuşi - sich
el/ea (neutru) - er, es
electric - elektrisch
e-mail - die E-Mail
emoţie, pasiune - die Leidenschaft
engleză - englisch
erai, eram, eraţi, erau - wärst
erou, salvator - der Retter
eseuri - die Essays
este - ist, es ist
este de acord, aprobă - ist einverstanden
este la reparat - wird gerade repariert
eternitate, veci - die Ewigkeit
eu - ich
eu aş - ich würde
eu însumi/însămi - ich selbst
eu sunt - ich bin
eu voi (+verb) - ich werde
evident - offensichtlich
exact, corect, tocmai - genau
examen - die Prüfung
examinând, analizând - überprüft
excelent - großartiges
excremente - die Exkremente
exerciţiu - die Übung
exotic - exotisch
expeditori, dispecerat - die Vermittlung
experienţă - die Erfahrung
explică - erklärt
explicaţie - die Erklärung
explozie - die Explosion
expoziţie - die Ausstellung
expresie - der Ausdruck, der Satz
expresie încruntată - das Stirnrunzeln
exterior - äußere
face - macht, tut
face cruce - bekreuzigt
face o vizită - besucht
factură - die Rechnung
facultate - das College
făcut, gata - gemacht, tat
faimos, celebru - berühmt
familie - die Familie
fani - die Fans
fapt, adevăr - die Tatsache
fără - ohne

fără a se gândi - gedankenlos
fără casă, fără stăpân, vagabond - streunender
farfurie, platou - der Teller
farsă, glumă - der Streich
fată - das Mädchen
favorit, preferat - liebsten
fel de mâncare - das Gericht
femeie - die Frau
fereastră, geam - das Fenster
fericit - fröhlicher
festiv/ă - festlich
fie..., fie... - entweder ... oder
fiecare - jede, jeden
fier (de călcat) - das Bügeleisen
figuri, chipuri - die Figuren
fiică - die Tochter
film - der Film
film de acţiune - der Actionfilm
fior, tremurat - der Schauder
fir - der Faden
firmă - die Firma
firmă de construcţii - die Baufirma
fişier - die Datei
fiu - der Sohn
flori - die Blumen
foaie - das Blatt
foarfecă - die Schere
foarte - sehr
foc - feuern
folie - die Folie
foloseşte - benutzt
folosind - verwendet
formează un număr de telefon - wählt
formular - das Formular
forum - das Forum
fost, anterior - früherer
fotoliu - der Lehnstuhl
fragilitate - die Vergänglichkeit
frate - der Bruder
frigider - der Kühlschrank
frişcă, cremă - die Creme
fructe - die Früchte
frumos - schön
frumuseţe - die Schönheit
fum - der Rauch
furat - gestohlen
furculiţă - die Gabel

furios, nervos - wild, wütend
galben - gelb
găleată - der Eimer
gânditor, preocupat - nachdenklich
gânduri - die Gedanken
gard - der Zaun
garou - das Tourniquet
găsit - gefunden
gata, pregătit - bereit
gătește, pregătește - kocht
geantă, bagaj - die Tasche
ghepard - der Gepard
glumă - Spaß machen
grăbit, sărit, repezit - losgestürzt
grădină - der Garten
grădiniță - der Kindergarten
grămadă - der Bund
gras - fett
Grecia - das Griechenland
greșeală - der Fehler
greu - schwer
grozav - großer
gunoi - der Müll
gură - der Mund
gust - probieren
gustare - der Snack
gustos - lecker
haine - die Kleindungsstücke
hamster - der Hamster
hârtii, documente - die Papiere
hotel - das Hotel
ia - nimmt
idee, concept - das Konzept
ieri - gestern
iertat - vergeben
Ierusalim - Jerusalem
ieșind - hervorstehend
ieșire - der Ausgang
îi pare rău - tut ihr leid
îi place, iubește - gerne haben, liebt
îi trebuie - braucht
îmbrățișează - umarmt
imediat - sofort
împerechere - die Paarung
împingând, să împingă - drücken
important - wichtige
împotriva - gegen
impresii - die Eindrücke

impresionat - beeindruckt
împreună - zusammen
împroșcat, împrăștiat - bespritzt
în - in
în cele din urmă, în final, în sfârșit - schließlich
în curând - bald
în fața - vor
în loc să/de, în schimb - statt
în mod cert, sigur - auf jeden Fall
în mod ciudat, straniu, neobișnuit - seltsam
în mod neobișnuit - ungewöhnlich
în plus, - außerdem
în spate - hinter
în special, mai ales - besonders
în timp ce - während
în ultima vreme, recent - in letzter Zeit
în vârstă - älterer
în vârstă de opt ani - achtjährige
în viață, viu - lebendig
înainte - bevor
înalt/ă - hoch
înapoi - zurück
înăuntru - das Innere
încă, nemișcat - schon, immer noch
încântat, fermecat - entzückt
încântător, fermecător - bezauberndes
încarcă - lädt
încărcând, să încarce - einladen
încearcă - versucht
începe - beginnt
început, începând - der Anfang
încet, tiptil, fără zgomot - langsam, leise
încheie, concluzionează, termină - sagt abschließend
închide telefonul - legt auf
înclinat - geneigt
incomprehensibil, de neînțeles - unverständlich
incorect, fals - falsch
incredibil - unglaublich
încurcat, amestecat - verwechselt
indiciu - der Hinweis
indiferent - gleichgültig
indignat, furios - empört
îndoială - zweifeln
îndrăzneț - gewagten
influență, a influența - der Einfluss

ingineresc, al constructorului - des Bauarbeiters
îngrijorare, griji, a se îngrijora - die Sorge
îngrijorat - besorgt
îngrozitor - fürchterlich, grauenvoll
înjunghie, înțeapă - spießt
înot - schwimmen
inscripție, etichetă - die Aufschrift
însoțește - begleitet
înspre - zu
însuși, însăși - sich
întâlnire - treffen
întâmpină, salută - begrüßt
înțelege, își dă seama - versteht
înțeles - die Bedeutung
inteligență, intelect - die Intelligenz, der Verstand
intenționează - bedeutet
interes, curiozitate - das Interesse
interesant - interessant
interesat - interessiert
Internet - das Internet
intersecție - die Kreuzung
întoarce - dreht
intră - betreten
între timp - inzwischen
întreabă - bittet, fragt, fragt nach
întrebări - die Fragen
întredeschis - einen Spalt offen stehen
întreg - ganz
întreg/întreagă, tot/toată - ganz
întrerupe - unterbricht
întuneric - dunkel
inundație - die Überschwemmung
învățat - gelernt
inventează - erfindet
învinovățire - kritisieren
invită - lädt ein
își amintește - erinnert
își dă seama, realizează - merkt
istorie - die Geschichte
iubește - liebt
iulie - der Juli
joacă - gespielt
joc - der Spiel
jos - nach unten
jucării - die Spielzeuge

judecată, bun-simț - gesunder Menschenverstand
judecător - der Richter
jumătate - halbe
jurisprudență - die Rechtswissenschaft
jurnalism - der Journalismus
kilogram - das Kilogramm
la - auf, bei, zu
la început, primul - ersten
lăbuță - die Pfote
lalele - die Tulpen
lângă - neben
lanț - die Kette
laptop - der Laptop
larg - weit
latră - bellt
lătrând, să latre - bellend
laudă, a lăuda - loben
lăuntric, interior - innere
leagă - bindet
lecție - der Unterricht
legi - die Gesetze
legume - das Gemüse
lemn - das Holz
leneș - faul
lesă - die Leine
leșină - wird ohnmächtig
leșinat - wurde ohnmächtig
lift - der Aufzug
limbă - die Sprache
liniște - leise
liniștit, tăcut - still
lipici, adeziv - der Kleber; der Klebstoff
lipire - kleben
lipsește - fehlen
lipsește - vermisst
literatură - die Literatur
loc - der Ort; der Sitzplatz
loc de muncă - der Arbeitsplatz
local - lokal
locuiește - lebt
locuind - das Wohnzimmer
lovește - klopft
luând - spricht
luat - nahm
lucrând, muncind - arbeiten
lucrează - arbeitet
lucru, chestie - das Ding

lună - der Monat
lung - lange
lungime - die Länge
magazin - der Laden
mai bine - besser
mai departe - weiter
mai devreme - früher
mai gras - dicker
mai întâi - ersten
mai jos - niedriger, nach unten
mai mult - mehr
mai strict - strenger
mai tânăr/ă, mai mic/ă - jünger
mai târziu - später
mai uşor - einfacher
mâine - morgen
mâini - die Hände
mamă - die Mutter
mâncare - das Futter
mândru, cu mândrie - stolz
mângâie - streichelt
mânie, furie, nervi - die Wut
manual - das Arbeitsbuch
măr - der Apfel
mârâie - knurrt
mare - groß; das Meer
mărime medie, mijlociu - mittlere
mărime, dimensiune - die Größe
Marte - Mars
marţi - der Dienstag
masă - das Essen; der Tisch
maşină - das Auto
măşti - die Masken
materie, subiect - das Unterrichtsfach
mătuşă - die Tante
maxilar - der Kiefer
medical - medizinisch
medieval - mittelalterlich
mediu înconjurător - die Umgebung
membri - die Mitglieder
meniu - die Speisekarte
mereu, întotdeauna - immer
merge, plimbă - gehend, spazierend
meritat - verdient
mesaj - die Nachricht
metal - das Metall
metri - die Meter
metrou - die U-Bahn

miaună - miaut
mic/mică, puţin, scăzut/ă - klein, kleines, niedrig
miercuri - der Mittwoch
mijloc - die Mitte
milioane - die Millionen
minge - der Ball
minte, cap - der Verstand
minunat - wunderbar
minune, a se întreba - wundert
minute - die Minuten
miros - der Geruch
modalitate, fel - die Art
modern - modern
modest - bescheiden
moment, clipă - der Moment
mop - der Mopp
mostre - die Proben
motor - der Motor
mult - viel, viele
mulţumit, cu mulţumire, satisfăcut - zufrieden, zufriedene
muncă - die Arbeit
munte - der Berg
murdar - schmutzig
muzeu - das Museum
muzică - die Musik
naţional - national
necioplit, necivilizat - unzivilisiert
negru - schwarz
neliniştit, stânjenit - unruhig
neobişnuit - ungewöhnliche
neplăcut - unerfreulich
neruşinare, impertinenţă - die Unverschämtheit
nervos - wütend
nesfârşit - endlos
neverificat - unkorrigiert
nevoie, a fi/avea nevoie - brauche
niciodată - nie
nimeni - niemand
nimic - nichts
ninge - schneit
nivel - das Niveau
noapte - die Nacht
noi, nouă - wir, uns
nord - der Norden
noroc, succes - das Glück

notă, bilet - die Notiz
note - die Noten
nou/ă, noi - neu
nu - kein, nicht; nu + verb, forma de trecut -
   tue nicht, machte nicht
nu era - war nicht
nu este - ist nicht
nu face - tut nicht
nu îți face griji - keine Sorge
nu mai - nicht mehr
nu pot - kann nicht
nu sunt - sind nicht
număr - das Kennzeichen
nume - der Name
numit - heißt
o/un - ein
oameni - die Leute
oaspete - der Gast
obiceiuri - die Bräuche
obiecte - die Gegenstände
obișnuit, de toate zilele - gewöhnlich
obligatoriu - verpflichtend
obosit - müde
observă - bemerkt
ochi - die Augen
ocupat - beschäftigt
oferă, dă - schenkt
oftează - seufzt
oglindă - der Spiegel
OK, bine - in Ordnung
omidă - die Raupe
omletă - das Omelett
Opel - der Opel
operație - dis Arztpraxis
opt - acht
opțiune - die Möglichkeit
ora trei - drei Uhr
oră, clasă - der Unterricht
oraș - die Stadt; oraș natal - die
   Heimatstadt
ore - die Stunden
organizație - die Organisation
orice - irgendein, etwas, irgedetwas
oricine - irgendjemand
oricum - trotzdem
oriunde - irgendwo
pa, la revedere - tschüß
pace - der Friede

pachet - die Packung
pădure - der Wald
pâine, franzelă - der Laib, das Brot ,
palid - bleich
până - bis
pantofi - die Schuhe
păpușă - die Puppe
păr - das Haar
parc - der Park
părere, punct, moment, opinie - die
   Meinung, die Stelle
părinți - die Eltern
parte - die Seite
păsări - die Vögel
pășit - stieg
pat - das Bett
patru - vier
patruzeci - vierzig
paznic, gardian, a sta de pază/de gardă -
   der Wächter
pe ascuns, în secret - heimlich
pe ea, al/a/ai/ale ei - sie, ihr
pe el, lui - ihn, ihm
pe lângă, dincolo de - vorbei
pe mine, mie - mir, mich
pe neașteptate, dintr-o dată - unerwartet
pe vârfurile picioarelor, tiptil - die
   Zehenspitzen
peisaj - die Landschaft
pentru - für
pentru alergat - das Laufen
pentru că - weil
perfect - perfekt
periculos - gefährlich
perioadă - der Zeitraum
perioadă de probă - die Probezeit
peron, platformă - der Bussteig
persoană - die Person
pescuit - fischen
pește - der Fisch
peste - über
peștișor auriu - der Goldfisch
petrece, cheltuie - verbringt
piață - der Markt
picioare - die Beine
picior - der Fuß
picnic - das Picknick
pictură, să picteze - malen

piele - das Leder
pierdere - der Verlust
pierdut, rătăcit - verlaufen
piscină, bazin de înot - das Schwimmbad
pisică - der Kater
plăcere - das Vergnügen
plastic - das Plastik
pleacă - fährt ab
plecat, dispărut - weg
plic - das Briefkuvert
plimbare - der Spaziergang
plin - voll
poartă - das Tor
poate - vielleicht
podea - der Boden
poezie - die Poesie
poezii - die Gedichte
politicos - freundlich
polițist - der Polizist
poreclă - der Spitzname
portbagaj - der Kofferraum
porțelan - das Porzellan
posibil - möglich
potrivit - geeignet
poveste - die Geschichte
povești - die Geschichten
poză, tablou - das Bild
poze - die Fotos
praf - der Staub
prânz - der Mittag, das Mittagessen
precauție, atenție - die Vorsicht
predă - unterrichtet
pregătește - macht sich auf
presupune - nimmt an
prezintă - stellt vor
prieten - der Kerl; der Junge; der Freund
prieteni - die Freunde
primăvară - der Frühling
primit, devenit - bekommen
prin, pe - durch
principal, important - Haupt
prinde - fängt
prins - gefangen
priveliști, atracții turistice - die Sehenswürdigkeiten
privește - beobachtet, sieht
privește lung, se holbează - starrt
privire, a privi îndelung, a se uita - der Blick

priviri - die Blicke
priză - die Steckdose
probabil - wahrscheinlich
problemă, chestiune - das Problem, die Angelegenheit
profesionist - der Fachmann
profesor - der Lehrer, der Professor
profil - das Profil
profund, adânc - tief
propoziții - die Sätze
proprietar - der Besitzer
proprietarii - die Besitzer
prosop - das Handtuch
prost, rău - schlecht
prostuț, bleg - dumm
public - öffentlichen
pui - das Hähnchen
pur și simplu, în mod simplu, doar - einfach
puternic - stark
puțin/ă, puțini/e - einige
râde - lacht
radio - der Funk
rămas - verlassen
ramură - der Ast
ramuri - die Äste
rar - selten
răspunde - antwortet
răspuns - antwort
răspunsuri - antwortet
râu - der Fluss, böse
râzând, să râdă - lachend
răzbunare - die Rache
rece, cu răceală, indiferent - kalt
recent - vor kurzem
recomandă - empfiehlt
refuză - weigert
rege - der König
repede - schnell
repetă - wiederholt
repovestește - wiederholt
reprezentant, deputat, adjunct - stellvertretender
respiră - atmend
restaurant - das Restaurant
rețetă - das Rezept
reușește - hat Erfolg
reviste - die Zeitschriften
rezervare - die Reservierung

risc - das Risiko
roată - das Laufrad
robinet - der Wasserhahn
romantic - romantisch
roșie, tomată - die Tomate
roșind - errötet
roșu - rot
rudă - der Verwandte
rupe, sfâșie - reißt
rușine, stânjeneală - die Verlegenheit
să cheltuie - ausgeben
să coacă - backend
să gătească - kocht
s-a îndrăgostit - verliebte sich
s-a întâmplat - passiert
să mănânce - essend
să se târască - kriechen
să studieze - studiert
să sune - läuten
să țipe - schreien
sală de clasă - das Klassenzimmer
salariu - das Gehalt
sălbatic, barbar - der Barbar
salvat - gerettet
șaman - der Schamane
sănătos - gesund
săptămână - die Woche
șaptezeci - siebzig
s-ar putea, e posibil - vielleicht
sărac - schlecht, arm
sărbătoare, aniversare - die Feier
sarcină - die Aufgabe
sare - springt
sărută - küsst
șase - sechs
sat - das Dorf
sau - oder
scapă - lässt fallen
scări - die Stiegen
scaun - der Stuhl
scenă - die Szene
schimb - austauschen
școală - die Schule
scrie - schreibt
scriitor - der Schriftsteller
scris mărunt - das Kleingedruckte
scris, tipar - der Druck, geschrieben
scrisoare - der Brief

sculptură - die Skulptur
scump - teuer
scund, mic - kurz
scutură - schüttelt
Scuzați-mă - Entschuldigen Sie
se adresează - spricht an
se apleacă - biegt
se apropie - kommt auf ihn zu
se așază, stă - setzt sich
se curăță - putzt sich
se dă jos, coboară - kommt aus
se descurcă, reușește - zurechtkommen
se duce - geht
se gândește, consideră - hält sich
se joacă - spielt
se pare - es scheint
se petrece, se întâmplă - passiert
se poartă, se comportă - verhält
se ridică în picioare - steht
se sperie - bekommt Angst
se trezește - wacht auf
se urcă, se cațără - klettert
(se) îndoaie - biegt
(se) întoarce - kommt zurück
(se) simte, (i se) pare - fühlt
seară - der Abend
secretar/ă - der/die Sekretär/in
șef, superior - der Chef
sentimente - die Gefühle
separat, la distanță - auseinander, getrennt
serios - ernst
sertar - die Schublade
serviciu de livrări - der Zustelldienst
serviciu de taxi - das Taxiunternehmen
Sfânt - der Heilige
sfârșit, terminat - ausgegangen
sfoară, frânghie - das Seil
și, de asemenea - auch, und
sigilează - verschließt
sigur, convins, desigur - sicher
simbol - das Symbol
simplu, natural - einfach, verständlich,
  leicht
simț - der Verstand
sincer - ehrlich
singur - einzigen
singur/ă - alleine
șiret, cu viclenie, viclean - verschmitzt

situație - die Situation
slujbă, loc de muncă - der Job
soare - die Sonne
șoarece - die Maus
șoareci - die Mäuse
șobolani, rozătoare - die Ratten
șofer - der Fahrer
soluție - die Lösung
somn, a dormi - schläft
somnoros, adormit - schläfrig
sonerie - die Türglocke
soră, surioară - die Schwester; das Schwesterherz
sosire - die Ankunft
soț - der Ehemann
soție, nevastă - die Ehefrau
spală - wäscht
spaniolă - Spanisch
Sparta - Sparta
specialitate - die Spezialität
speriat, înspăimântat - verängstigter
spirit, esență - die Stimmung
spital - das Spital
spune - erzählt, sagt
spus - gesagt
stă întins/ă, zace - liegt, liegend
stă, șede - bleibt, setzt sich, sitzt
stație, gară - der Busbahnhof
șterge - löscht
știa - wusste
știe - weiß
știind, cunoscând - wissend
stil - der Stil
știri - die Neuigkeiten
stop, a se opri - aufhören
stradă - die Straße
strălucește - scheint
strălucitor, luminos - leuchtend
strânge - sammelt
strâns - fest
strat de flori - das Blumenbeet
strict - streng
strigă - schreit
stropește - bespritzt
student/ă - der/die Student/Studentin
studii, cursuri - die Studien
stupid, prost - blöde
sub - unter

subiect, temă, sarcină - die Aufgabe
suc - der Saft
suflet - die Seele
sugerează, propune - schlägt vor
sumă - der Betrag
sună - klingelt, klingt
sunt - bin
supă - die Suppe
supărat - traurig
superb, magnific - großartige
supermarket - der Supermarkt
supraveghere - überwachend
surprins, cu ochi mari - mit großen Augen
surprins/ă, mirat/ă - überrascht
surpriză - überraschen
susține, sprijină - gibt Halt, hält fest
sută - hundert
tabletă - das Tablet
talent - das Talent
tânăr/ă - jung
țară - das Land
tare, zgomotos, copios - laut
târziu - spät
tata, tati - der Vater
tău, ta, tăi, tale, vostru, voastră, voștri, voastre - dein
tavan - die Decke
taxi - das Taxi
te rog - bitte
teamă, frică - die Angst
teanc - der Stapel
telefon mobil - das Handy
telefon, a telefona - anrufen
temă - das Thema
temă de casă - die Hausaufgabe
temperament - das Temperament
temporar - vorübergehend
tensiune, încordare - die Anstrengung
teribil, groaznic - fürchterlich, schrecklich
termen, semestru - nennen; der Ausdruck
test - der Test
test cu întrebări - abprüfen
text - der Text
ticălos - der Schurke
țigară - die Zigarette
timid, cu timiditate - schüchtern
timp liber - die Freizeit
timp, moment - die Zeit

ține - gefasst, hält
tip, băiat - der Junge
țipă, plânge, strigă - schreiend, schreit
toamnă - der Herbst
toată lumea, toți, toate - alle, jeder
ton, voce - der Ton
torcând - schnurrend
tort - die Torte
tot/toată/toți/toate, toată lumea - alle, alles
tradiții - die Traditionen
traducere - die Übersetzung
trage - zieht
tramvai - die Straßenbahn
transport - die Verkehrsmittel
tratează, vindecă - behandelt
trebuie - müssen
treburi (de-ale casei) - die Hausarbeit
trece - vorbeikommt
trei - drei
treisprezece - dreizehn
tren - der Zug
trimis/ă - gerufen
trimite - senden
trist - traurig
triumfă - siegt
tu ești, voi sunteți - du bist, Sie sind
tu, voi - du, Sie
tub - die Tube
tunel - der Tunnel
Twitter - Twitter
uimire, mirare - das Erstaunen
uimitor - toll
uită - vergisst
uitat - vergessen
uman, om - menschlichen
umplutură, vată - die Fütterung
un, o - ein
unchi - der Onkel
unde - wo
undeva - irgendwo
uniformă - die Uniform
unii/unele - einige
universitate - die Universität
unul - ein
uragan - der Hurrikan
urgent - dringend
uriaș - riesig

urmărește - verjagt
următor/următoare - folgendem
urmează, se ține după - folgt
ușă - die Tür
uși - die Türen
ușor, cu ușurință, lumină - einfach, ein wenig, sanft, aufleuchten
vacanță - der Urlaub
vaccinuri - die Impfungen
valiză, bagaj - der Koffer
valize - die Koffer
valoros, de preț - wertvoll
vândut - verkauft
vânzătoare - die Verkäuferin
vânzător - der Verkäufer
vară - der Sommer
văzut - gesehen
vechi, antic - alte
vecin - der Nachbar
vede - sieht
venind - kommt
verb auxiliar de viitor, voință - werden
vesel, bucuros - fröhlich
viață - das Leben
vină - die Schuld
vine - kommt
vineri - der Freitag
vinovat - schuldig
vis - der Traum
visând, să viseze - träumt
viteză - die Geschwindigkeit
vitrină, dulap - die Schränke
vizitează - besucht gerade
voce - die Stimme
voi, vei, va, vom, veți, vor - sollen
voios, voioasă, voioși, voioase - fröhlich
vorbește - sprechend, spricht
vorbise - gesprochen
vrea - will
vreme - das Wetter
vreodată, niciodată (în propoziții negative) - jemals
weekend, sfârșit de săptămână - das Wochenende
zâmbește - lächelt
zboară - fliegt
zbor - der Flug
zdrobit, prăbușit - gekracht

zece - zehn
zeu - der Gott
Zeus - Zeus
zgardă, guler - das Halsband
zgomot - der Lärm

zi - der Tag
ziar - die Zeitung
zile - die Tage
zis, spus - gesagt
zori - der Tagesanbruch

Wörterbuch Deutsch-Rumänisch

Abend, der - seară
Abendessen, das - cină
Abenteuer, die - aventuri
aber - dar
abfahrend - care se îndepărtează, îndepărtându-se
abprüfen - test cu întrebări
Abteil, das - compartiment
abwischen - a şterge
Account, der - cont
acht - opt
achtjährige - în vârstă de opt ani
Actionfilm, der - film de acţiune
Adresse, die - adresă
ähnlich - asemănător, similar
aktiv - activ, plin de viaţă
alle, jeder - tot/toată/toţi/toate, toată lumea
alleine - singur/ă
alles - tot
als - decât, ca
alt - bătrân, vechi
alte - vechi, antic
älterer - în vârstă
Alternative, die - alternativă
älteste - cel mai mare (ca vârstă)
am lautesten - cel mai tare
anbieten - a oferi
anderen - alt, altă
ändern - a modifica, a schimba
anders - diferit
Anfang, der - început, începând
Angelegenheit, die - problemă, chestiune
Angestellte, der - angajat
Angst haben - a se teme
Angst, die - teamă, frică
Ankunft, die - sosire
anrufen - telefon, a telefona
Anstrengung, die - tensiune, încordare
antwort - răspuns
antwortet - răspunde, răspunsuri
Apfel, der - măr
Aquarium, das - acvariu
Arbeit, die - muncă
arbeiten - lucrând, muncind
arbeitet - lucrează

Arbeitsbereich, der - domeniu
Arbeitsbuch, das - manual
Arbeitsplatz, der - loc de muncă
Architekt, der - arhitect
Arme, die - braţe
Art, die - modalitate, fel
Arzt, der - doctor, medic
Arztpraxis, dis - operaţie
asiatisch - asiatic
Ast, der - ramură
Äste, die - ramuri
atmend - respiră
attackiert - atacă
auch - de asemenea, şi
auf jeden Fall - în mod cert, sigur
auf, bei, zu - la
Aufgabe, die - subiect, temă, sarcină
aufgeregt - cu entuziasm
aufhellen - a îmbunătăţi
aufhören - stop, a se opri
aufladen - a încărca, a taxa
aufleuchten - uşor, lumină
aufmerksam - cu atenţie
aufpassen - a păzi, a veghea, a privi
Aufsatz, der - compoziţie, conţinut
Aufschrift, die - inscripţie, etichetă
aufstehen - a se ridica
Aufzug, der - lift
Augen, die - ochi
Ausdruck, der - expresie, termen, semestru
auseinander - separat, la distanţă
Ausgabe, die - ediţie
Ausgang, der - ieşire
ausgeben - să cheltuie
ausgegangen - sfârşit, terminat
ausloggen - a ieşi din cont
ausschalten - a închide, a opri
außerdem - în plus,
äußere - exterior
Ausstellung, die - expoziţie
austauschen - schimb
Auto, das - maşină
Autor, der - autor
backen - a coace
backend - să coacă
Backrohr, das - cuptor

Badeanzug, der - costum de baie
bald - în curând
Ball, der - minge
Bank, die - bancă
Barbar, der - sălbatic, barbar
Bargeld, das - bani
Bau, der - clădire, construcție
Bauarbeiter, die - constructori
Baufirma, die - companie de construcții; firmă de construcții
Baum, der - copac
beachten - a fi atent
bedeutet - intenționează
Bedeutung, die - înțeles
beeindrucken - a impresiona
beeindruckt - impresionat
befestigt - atașat
begann - a început
beginnt - începe
begleitet - însoțește
begrüßt - întâmpină, salută
behält - continuă
behandelt - tratează, vindecă
beheben - a elimina, a înlătura
bei, an - de către
beige - bej
beinahe - aproape
Beine, die - picioare
beißen - a mușca
beitretend - a intra, a se alătura, a se înrola
bekannt - (a face) cunoștință (cu)
Bekannte, der - cunoștință, amic
bekommen - primit, devenit
bekommt Angst - se sperie
bekreuzigt - face cruce
bellen - a lătra
bellend - lătrând, să latre
bellt - latră
bellte - a lătrat
bemerkt - observă
benutzt - folosește
beobachtet - privește
bequem - confortabil
bereit - gata, pregătit
Berg, der - munte
berühmt - faimos, celebru
berühmteste - cel mai faimos, cel mai cunoscut

beschäftigt - ocupat
Bescheid sagen - a avertiza
bescheiden - modest
beschloßen - decis
Besitzer, der - proprietar
besonders - în special, mai ales
besorgt - îngrijorat
bespritzt - împroșcat, împrăștiat, stropește
besser - mai bine
bestätigt - confirmat
besten - cel mai bun/bine
besuchen - a participa
besucht - a vizita, vizită; face o vizită
besucht gerade - vizitează
beten - a se ruga
Betrag, der - sumă
betreten - intră
Bett, das - pat
bevor - înainte
bewältigen - a depăși, a înfrânge
bewegen - a (se) mișca
beweisen - a demonstra
bewerben - a se înscrie, a aplica
bewundert - admiră
bezauberndes - încântător, fermecător
Bibel, die - Biblie
Bibliothek, die - bibliotecă
biegt - (se) îndoaie, se apleacă
Bild, das - poză, tablou
Bildschirm, der - ecran
bin - sunt
binden - a lega
bindet - leagă
bis - până
bitte - te rog
bittet - întreabă
Blatt, das - foaie
blättern - a răsfoi
bleiben - a rămâne, a sta
bleibt - stă
bleich - palid
Blick, der - privire, a privi îndelung, a se uita
Blicke, die - priviri
blöde - stupid, prost
blühen - a înflori
Blumen, die - flori
Blumenbeet, das - strat de flori

Boden, der - podea
Bonbon, das - bomboană, acadea
Bonuszahlungen, die - bonusuri
böse - rău
braten - a prăji
brauche - nevoie, a fi/avea nevoie
Bräuche, die - obiceiuri
braucht - îi trebuie
brennt - arde
Brief, der - scrisoare
Briefkuvert, das - plic
bringt - aduce
Brot, das - pâine
Bruder, der - frate
Bücher, die - cărți
Bügeleisen, das - fier (de călcat)
Bund, der - grămadă
Büro, das - birou
Bus, der - autobuz
Busbahnhof, der - stație, gară
Bussteig, der - peron, platformă
Café, das - cafenea
chatten - conversație, discuți
Chef, der - șef, superior
College, das - facultate
Computer, der - calculator
Creme, die - frișcă, cremă
dachte - crezut
danken - a mulțumi
dann - atunci
das ist, so - asta e
dass - că, acel/acea
Datei, die - fișier
Decke, die - tavan
Deckel, der - capac
Defekt, der - defect
definitiv - cu siguranță
dehnen - a (se) întinde
dein - tău, ta, tăi, tale, vostru, voastră,
    voștri, voastre
Dekorationen, die - decorații
Delikatesse, die - delicatesă
denkt - crede
der, die, das - articol hotărât
des Bauarbeiters - ingineresc, al
    constructorului
des Hundes - al/a/ai/ale câinelui
Detail, das - detaliu

deutlich - clar, distinct, limpede
dicker - mai gras
Dienstag, der - marți
diese - acei/acele, acest/acesta,
    această/aceasta, acești/a, aceste/a
Ding, das - lucru, chestie
direkt, gerade - direct
diskutieren - a discuta
diszipliniert - disciplinat
Dollar, der - dolari
Dorf, das - sat
dort - acolo
draußen - afară
dreht - întoarce
drei - trei
drei Uhr - ora trei
dreizehn - treisprezece
dringend - urgent
dritte - al treilea/a treia
Druck, der - scris, tipar
drücken - împingând, să împingă
drückt - apasă
du bist, Sie sind - tu ești, voi sunteți
du, Sie - tu, voi
dumm - prostuț, bleg
dunkel - întuneric
durch - prin, pe
durchschlafen - a dormi bine, a se odihni
Ecke, die - colț
Ehefrau, die - soție, nevastă
Ehemann, der - soț
ehrlich - sincer
eigener - a deține, propriul/propria
Eile, die - a (se) grăbi, grabă
Eimer, der - găleată
ein - un, o, unul
ein Kompliment gemacht - a făcut un
    compliment
ein wenig - ușor
Eindrücke, die - impresii
einem anderen - alt, altul/altă, alta
einen Spalt offen stehen - întredeschis
einfach - pur și simplu, în mod simplu, doar,
    simplu, ușor, cu ușurință
einfacher - mai ușor
einfetten - a unge, grăsime
Einfluss, der - influență, a influența

einige - câteva, câţiva, puţin/ă, puţini/e, unii/unele
Einkäufe, die - cumpărături
einladen - încărcând, să încarce
einpacken - a înveli, a împacheta
einschlafen - a cădea
einstellen - a angaja
einzigen - singur
elektrisch - electric
Elektronik, die - aparate electronice
Eltern, die - părinţi
emotional - cu pasiune
empfehlen - a sfătui
empfiehlt - recomandă
empört - indignat, furios
Ende, das - capăt, sfârşit
endlos - nesfârşit
englisch - engleză
enthusiastisch - cu entuziasm
entlassen - a concedia
Entlassung, die - concediere
entscheidet - decide
Entschuldigen Sie - Scuzaţi-mă
entsprechend - conform
entweder ... oder - fie..., fie...
entzückt - încântat, fermecat
er - el
Erfahrung, die - experienţă
erfindet - inventează
erfolgreich - cu succes, cu bine
erfreut - bucuros, cu bucurie
erhält - a primi
erinnern - a-şi aminti
erinnerst - a aminti
erinnert - îşi aminteşte
erkenne wieder - a recunoaşte
erklärt - explică
Erklärung, die - explicaţie
ernst - cu seriozitate; serios
erreichen - a ajunge la; a se întinde spre
errötet - roşind
erscheinen - a apărea
Erscheinung, die - aspect, înfăţişare
Erstaunen, das - uimire, mirare
ersten - la început; primul; mai întâi
erstklassig - de primă clasă
erwartet - a (se) aştepta
erwischen - a-şi da seama, a depista

erzählt - spune
es - el/ea (neutru)
es ist - este
es ist schade - e păcat
es scheint - se pare
es sich bequem machen - a se aşeza
Essays, die - eseuri
essen - a mânca; Essen, das - masă
essend - să mănânce
etwas - ceva
Ewigkeit, die - eternitate, veci
Exkremente, die - excremente
exotisch - exotic
Explosion, die - explozie
Fachmann, der - profesionist
Faden, der - fir
Fahrer, der - şofer
fährt - conduce
fährt ab - pleacă
Fall, der - caz
falsch - incorect, fals
Familie, die - familie
fängt - prinde
Fans, die - fani
farbige - colorat
faul - leneş
fehlen - lipseşte
Fehler, der - greşeală
Feier, die - sărbătoare, aniversare
Fenster, das - fereastră, geam
fest - strâns
festlich - festiv/ă
festnehmen - a reţine, a prinde
fett - gras
feuern - foc
Feuerwerke, die - artificii
Figuren, die - figuri, chipuri
Film, der - film
finden - a găsi
Finger, der - deget
Firma, die - companie, firmă
Fisch, der - peşte
fischen - pescuit
fliegen - a zbura
fliegt - zboară
Flug, der - zbor
Flugzeug, das - avion
Fluss, der - râu

folgendem - următor/următoare
folgt - urmează, se ține după
Folie, die - folie
fordernde - autoritar
fordert - cere, pretinde
Formular, das - formular
Forum, das - forum
Fotos, die - poze
fragen - a întreba; Fragen, die - întrebări
fragt, fragt nach - întreabă
Frau, die - femeie
Freitag, der - vineri
Freizeit, die - timp liber
Freund, der - prieten
Freunde, die - prieteni
freundlich - politicos
Friede, der - pace
fröhlich - bucuros, fericit, cu veselie, vesel,
　　voios, voioasă, voioși, voioase
fröhlicher - fericit
Früchte, die - fructe
früh - devreme
früher - mai devreme
früherer - fost, anterior
Frühling, der - primăvară
fühlen - a simți
fühlt - (se) simte, (i se) pare
führt - conduce
fünf - cinci
fünfte - a cincea
fünfzehn - cincisprezece
Funk, der - radio
für - pentru
fürchterlich - îngrozitor, teribil
Fuß, der - picior
Futter, das - mâncare
füttern - a hrăni
Fütterung, die - umplutură, vată
Gabel, die - furculiță
ganz - complet, întreg/întreagă, tot/toată
Garten, der - grădină
Gast, der - oaspete
Gebäude, die - clădiri
gebe zu - a recunoaște
gebissen - a mușcat
gebracht - adus
Geburtstag, der - zi de naștere
Gedanken, die - gânduri

gedankenlos - fără a se gândi
Gedichte, die - poezii
geduldig - cu răbdare, răbdător
geeignet - potrivit
gefährlich - periculos
gefangen - prins
gefasst - ține
gefeuert - concediat
Gefühle, die - sentimente
gefunden - găsit
gegeben - dat
gegen - împotriva
Gegenstände, die - obiecte
Gehalt, das - salariu
gehen - a se duce, a merge
gehend, spazierend - merge, plimbă
gehorsam - ascultător
gehört - aparține
geht - se duce
geht weiter - a continuat
gekauft - cumpărat
gekracht - zdrobit, prăbușit
gelb - galben
Geld, das - bani
gelernt - învățat
gemacht - făcut, gata
gemeinsam - comun, obișnuit
Gemüse, das - legume
genau, sorgfältig - de aproape, corect, exact,
　　tocmai, cu atenție, cu grijă
geneigt - înclinat
genießen - a se bucura (de ceva)
genug - destul, suficient
Gepäck, das - bagaj
Gepard, der - ghepard
Gerechtigkeit, die - dreptate, justiție
gerettet - salvat
Gericht, das - curte; fel de mâncare
gern geschehen - cu plăcere
gerne etwas tun - a plăcea, precum, ca
gerne haben - îi place
Geruch, der - miros
gerufen - trimis/ă
gesagt - zis, spus
geschäftlich - cu afaceri
Geschäftsführer, der - administrator,
　　manager
Geschenk, das - cadou, prezent

Geschenke, die - cadouri
Geschichte, die - istorie; poveste
Geschichten, die - povești
geschnittenes - a tăia
geschrieben - scris
Geschwindigkeit, die - viteză
gesehen - văzut
Gesetze, die - legi
Gesicht, das - chip, față
gespielt - joacă
Gespräch, das - conversație
gesprochen - vorbise
Geständnis, das - declarație, mărturisire
gestern - ieri
gestohlen - furat
gesund - sănătos
gesunder Menschenverstand - judecată, bun-simț
getrennt - separat
getroffen - a întâlnit
gewagten - îndrăzneț
gewesen - a fost
gewissenhaft - cu grijă, atent
gewöhnlich - obișnuit, de toate zilele
geworfen - a aruncat
gezeigt - arătat
gibt - dă, oferă
gibt Halt, hält fest - susține, sprijină
ging - a mers
glaubt - crede, are impresia, bănuiește
gleich hier - chiar aici
gleichen - același, aceeași, aceiași, aceleași
gleichgültig - indiferent
Glück haben - a avea noroc, a fi norocos
Glück, das - noroc, succes
glücklich - bucuros/bucuroasă
Goldfisch, der - peștișor auriu
Gott, der - zeu
grauenvoll - îngrozitor
Griechenland, das - Grecia
groß - mare
großartige - superb, magnific
großartiges - excelent
Größe, die - mărime, dimensiune
großer - grozav
größte - cel/cea mai mare
Gummi, der - cauciuc
gut - bun, bună, bine

gut gefüttert - bine hrănit
Haar, das - păr
haben - a avea
Hähnchen, das - pui
halbe - jumătate
hallo - bună, salut
Halsband, das - zgardă, guler
hält - ține
hält sich - se gândește, consideră
halten - a ține
Hamster, der - hamster
Hände, die - mâini
Handtuch, das - prosop
Handy, das - telefon mobil
hängen - a atârna
hängt - atârnă
hat - are (sau verb auxiliar)
hat Erfolg - reușește
hatte - avut
Haupt - principal, important
Hauptstadt, die - capitală
Haus, das - casă
Hausarbeit, die - treburi (de-ale casei)
Hausaufgabe, die - temă de casă
Haushalt, der - casă, gospodărie, familie
Haustier, das - animal de casă/companie
Haustiere, die - animale de companie
Hebräisch, das - ebraică
Heer, das - armată
Heilige, der - Sfânt
Heimatstadt, die - oraș natal
heimlich - pe ascuns, în secret
heiraten - a se căsători
heißt - numit
helfen - ajutor, a ajuta
heranwächst - a crește
heraus - afară
Herbst, der - toamnă
Herr, der - domn
herum - aproape, în jur de
hervorragend, großartig - bun, frumos
hervorstehend - ieșind
heute - astăzi
hier - aici
hilft - ajută
hinter - în spate
Hinweis, der - indiciu
hoch - înalt/ă

höchste - cea/cel mai mare
Hof, der - curte
hoffe - a spera, speranță
Holz, das - lemn
hören - a auzi
hört - aude
hört zu - ascultă
Hotel, das - hotel
Hund, der - câine
Hundehütte, die - cușcă (de câine)
hundert - sută
Hurrikan, der - uragan
ich - eu
ich bin - eu sunt
ich selbst - eu însumi/însămi
ich werde - eu voi (+verb)
ich würde - eu aș
ihn, ihm - pe el, lui
ihr, ihre - al/a/ai/ale lor
immer - mereu, întotdeauna
immer noch - încă, nemișcat
Impfungen, die - vaccinuri
in den Augen behalten - aruncând o privire
in der Nachbarschaft - din apropiere, din vecinătate
in der Nähe - aproape, în apropiere
in letzter Zeit - în ultima vreme, recent
in Ordnung - bine, OK
in, nach, zu - în, a (+verb), la
innere - lăuntric, interior; Innere, das - înăuntru
installiert - a monta, a instala
Institut, das - departament
intelligent - deștept
Intelligenz, die - inteligență
interessant - interesant
interessanteste - cel mai interesant
Interesse, das - interes, curiozitate
interessiert - interesat
Internet, das - Internet
inzwischen - între timp
irgendein, etwas - orice
irgendetwas - orice
irgendjemand - cineva, oricine
irgendwo - oriunde, undeva
ist - este
ist einverstanden - este de acord, aprobă
ist nicht - nu este

ja - da
Jahr, das - an
Jahre, die - ani
jede - fiecare
jeden - fiecare
jedoch - cu toate acestea, oricum, totuși, deși
jemals - vreodată, niciodată (în propoziții negative)
jemandem - cineva
Jerusalem - Ierusalim
jetzt - acum
Job, der - slujbă, loc de muncă
joggen - alergare
Journalismus, der - jurnalism
Juli, der - iulie
jung - tânăr/ă
Junge, der - tip, băiat
jünger - mai tânăr/ă, mai mic/ă
Jungs, die - băieți
Kabel, das - cablu
Kaffee, der - cafea
Käfig, der - cușcă
kalt - rece, cu răceală, indiferent
kann nicht - a nu se putea; nu pot
Käse, der - brânză
Kasse, die - casă, casierie
Kater, der - pisică
Kathedrale, die - catedrală
kaufen - a cumpăra
kauft - cumpără
kein, nicht - nu
keine Sorge - nu îți face griji
Kellner, der - chelner, ospătar
Kennzeichen, das - număr
Kerl, der; Junge, der - prieten
Kette, die - lanț
Kiefer, der - maxilar
Kilogramm, das - kilogram
Kind, das - copil
Kinder, die - copii
Kindergarten, der - grădiniță
Kindermädchen, das - bonă
Kino, das - cinema
Kinosaal, der - cinematograf
klar - clar
Klasse, die - clasă
Klassenzimmer, das - sală de clasă

kleben - lipire
Kleber, der; Klebstoff, der - lipici, adeziv
klein - mic/mică, puțin
Kleindungsstücke, die - haine
kleines - mic
Kleingedruckte, das - scris mărunt
klettert - se urcă, se cațără
klingelt - sună
klingt - sună
klopft - lovește
Knurren, das - a mârâi
knurrt - mârâie
Koch, der - bucătar
kocht - gătește, pregătește, să gătească
Koffer, der - valiză, bagaj
Kofferraum, der - portbagaj
Kollegen, die - colegi
kommen - a veni
kommen an - a ajunge
kommen näher - a se apropia
kommt - venind, vine
kommt auf ihn zu - se apropie
kommt aus - se dă jos, coboară
kommt zurück - (se) întoarce
kompetent - competent
komplett - absolut, complet, perfect
Kompliment, das - compliment
kompliziert - complicat
König, der - rege
können - a putea
könnte - ar putea
Kontrast, der - contrast
Konzept, das - idee, concept
Kopf, der - cap
kopieren - copiam
kopiert - copiat
Körbe, die - coșuri
kostet - a costa, preț
köstlich - delicios
krank - bolnav/ă
Kreuzung, die - intersecție
kriechen - să se târască
kritisieren - învinovățire
Krokodil, das - crocodil
Küche, die - bucătărie (feluri de mâncare specifice)
Kühlschrank, der - frigider
kulinarisch - culinar

kümmerst - a-i păsa
Kunde, der - client
Kunst, die - artă
Künstler, der - artist
kurz - scund, mic
küsst - sărută
lächelt - zâmbește
lachen - a râde
lachend - râzând, să râdă
lacht - râde
Laden an der Ecke - alimentară
Laden, der - magazin
lädt - încarcă
lädt ein - invită
Laib, der - pâine, franzelă
Land, das - țară
Landschaft, die - peisaj
lange - lung
Länge, die - lungime
langsam - încet, tiptil
Laptop, der - laptop
Lärm, der - zgomot
lassen - a pleca
lässt - a lăsa, a permite
lässt fallen - scapă
Lastwägen, die - camioane
Laufen, das - pentru alergat
Laufrad, das - roată
launisch - capricios
laut - tare, zgomotos, copios
läuten - să sune
Leben, das - viață
lebendig - în viață, viu
lebt - locuiește
lecker - gustos
Leder, das - piele
legt auf - închide telefonul
Lehnstuhl, der - fotoliu
Lehrer, der - profesor
Leidenschaft, die - emoție, pasiune
Leine, die - lesă
leise - încet, fără zgomot, liniște
Leiter, der - director
lernen - a studia, a învăța
leuchtend - strălucitor, luminos
Leute, die - oameni
lieben - dragoste, iubire
Lieber - drag/ă

liebsten - favorit, preferat
liebt - îi place, iubește
liegend - stă întins/ă, zace
liegt - stă întins
liest - citește
Literatur, die - literatură
loben - laudă, a lăuda
lokal - local
löscht - șterge
lösen - a rezolva
losgestürzt - grăbit, sărit, repezit
Lösung, die - soluție
lustig - amuzant, haios
machen - a face
macht - face
macht sich auf - pregătește
machte nicht - nu + verb, forma de trecut
Madame, die - doamnă
Mädchen, das - fată
malen - pictură, să picteze
manchmal - câteodată, uneori
Mann, der - bărbat
Markt, der - piață
Mars - Marte
Masken, die - măști
Maus, die - șoarece
Mäuse, die - șoareci
medizinisch - medical
Meer, das - mare
mehr - mai mult
meine - a mea, al meu
meinst - a avea de gând, a intenționa, a se referi
Meinung, die - părere, opinie
Meisterwerk, das - capodoperă
menschlichen - uman, om
merkt - își dă seama, realizează
Metall, das - metal
Meter, die - metri
miaut - miaună
Millionen, die - milioane
Minuten, die - minute
mir, mich - pe mine, mie
mit - cu
mit dem Hund Gassi gehen - a plimba câinele
mit großen Augen - surprins, cu ochi mari
Mitglieder, die - membri

Mittag, der - prânz
Mittagessen, das - prânz
Mitte, die - mijloc
mittelalterlich - medieval
mittlere - mărime medie, mijlociu
Mittwoch, der - miercuri
modern - modern
mogeln - a trișa
möglich - posibil
Möglichkeit, die - opțiune
Moment, der - moment, clipă
Monat, der - lună
Mopp, der - mop
morgen - mâine; Morgen, der - dimineață
Motor, der - motor
müde - obosit
Mühe, die - dificultate, problemă
Müll, der - gunoi
Mund, der - gură
Museum, das - muzeu
Musik, die - muzică
müssen - trebuie
mutig - curajos
Mutter, die - mamă
nach - după
nach unten - jos
Nachbar, der - vecin
nachdenklich - gânditor, preocupat
Nachmittag - după amiază
Nachricht, die - mesaj
nächsten - cel mai aproape/apropiat
Nacht, die - noapte
nahe - aproape, lângă
nahm - luat
Name, der - nume
national - național
natürlich - desigur
neben - lângă
nehmen - a lua
nennen - termen
nennt - cheamă
nervös - agitat, emoționat
nette - blând, bun, simpatic
neu - nou/ă, noi
neugierig - curios
Neuigkeiten, die - știri
nicht mehr - nu mai
nichts - nimic

nickt - dă din cap afirmativ, aprobă din cap
nie - niciodată
niedrig - mic/ă, scăzut/ă
niedriger, nach unten - mai jos
niemand - nimeni
nimmt - apucă, prinde, ia
nimmt an - presupune
Niveau, das - nivel
noch einmal - din nou
Norden, der - nord
normalerweise - de obicei
Noten, die - note
Notiz, die - notă, bilet
Notizbücher, die - caiete
nur, gerade - doar, abia, numai
obwohl - deși, totuși
oder - sau
offensichtlich - evident
öffentlichen - public
öffnen - deschis/ă
oft - des, adesea
oh - ah
ohne - fără
Omelett, das - omletă
Onkel, der - unchi
Organisation, die - organizație
Ort, der - loc
Paarung, die - împerechere
packen - a împacheta
Packung, die - pachet
Papiere, die - hârtii, documente
Paragrafen, die - articole
Park, der - parc
passiert - s-a întâmplat, se petrece, se întâmplă
passt - a se potrivi, a încăpea
Pause, die - a se odihni, odihnă, pauză
perfekt - perfect
Person, die - persoană
Pfote, die - lăbuță
Picknick, das - picnic
Pilz, der - ciupercă
Plastik, das - plastic
plötzlich - dintr-o dată, brusc
Poesie, die - poezie
Polizist, der - polițist
Porzellan, das - porțelan
posten - a afișa

Postkarten, die - cărți poștale, vederi
Proben, die - mostre
Probezeit, die - perioadă de probă
probieren - gust
Problem, das - problemă
Professor, der - profesor
Profil, das - profil
Prüfung, die - examen
Puppe, die - păpușă
Puppenbett, das - al/a/ai/ale păpușii
putzt sich - se curăță
Rache, die - răzbunare
Ratten, die - șobolani, rozătoare
Rauch, der - fum
Raupe, die - omidă
reagieren - a reacționa
Rechnung, die - factură
Rechtswissenschaft, die - jurisprudență
reißt - rupe, sfâșie
reist - călătorește
rennt - a fugi, a alerga, aleargă
reparieren - a repara
Reservierung, die - rezervare
Restaurant, das - restaurant
Retter, der - erou, salvator
Rezept, das - rețetă
Richter, der - judecător
richtig - corect
Richtung, die - direcție
riesig - uriaș
Risiko, das - risc
Roberts - a lui Robert
romantisch - romantic
rot - roșu
rufen - a chema
ruft an - dă telefon
ruft gerade an - chemând, strigând, sunând
ruhig - calm, cu seninătate, liniștit
ruinieren - a strica
Saft, der - suc
sagt - spune
sagt abschließend - încheie, concluzionează, termină
sammeln - a aduna, a culege, a alege
sammelt - strânge
sanft - ușor
Satz, der - expresie
Sätze, die - propoziții

sauber - curat
Sauberkeit, die - curățenie
Schamane, der - șaman
Scharfrichter, der - călăului
Schatz, der - drag/ă
Schauder, der - fior, tremurat
schaut an - arată
scheint - strălucește
schenken - a da, a oferi
schenkt - oferă, dă
Schere, die - foarfecă
schimpft - ceartă, învinovățește
schlafen - a dormi, somn
schlafend - doarme
schläfrig - somnoros, adormit
schläft - adormit, a adormi, doarme, somn, a dormi
schlägt vor - sugerează, propune
schlecht, arm - sărac, prost, rău
schließlich - în cele din urmă, în final, în sfârșit
schließt - a închide
schmeicheln - a flata
schmutzig - murdar
schneit - ninge
schnell - repede
schnurrend - torcând
schon - deja
schön - frumos
schon - încă
Schönheit, die - frumusețe
Schränke, die - vitrină, dulap
schrecklich - teribil, groaznic
schreibt - scrie
schreien - să țipe
schreiend - țipă, plânge, strigă
schreit - țipă, strigă, plânge
schrieb - a scris
Schriftsteller, der - scriitor
schroff - dur
Schublade, die - sertar
schüchtern - timid, cu timiditate
Schuhe, die - pantofi
Schuld, die - vină
schuldig - vinovat
Schule, die - școală
Schulfreund, der - coleg de școală
Schurke, der - ticălos

schüttelt - scutură
schwarz - negru
Schweif, der - coadă
schwer - greu
Schwester, die; Schwesterherz, das - soră, surioară
schwierig - dificil, greu
Schwimmbad, das - piscină, bazin de înot
schwimmen - înot
sechs - șase
Seele, die - suflet
sehen, schauen - a privi, a se uita, a vedea, a înțelege, a-și da seama
Sehenswürdigkeiten, die - priveliști, atracții turistice
sehr - foarte
Seil, das - sfoară, frânghie
sein, ihr - a fi, al/a/ai/ale lui/ei
seines Katers - al/a/ai /ale pisicii/motanului
seit - de când
Seite, die - parte
Sekretär/in, der/die - secretar/ă
selten - rar
seltsam - ciudat, în mod ciudat, straniu, neobișnuit
senden - trimite
setzen, legen, stellen - a pune
setzt sich - se așază, stă, șede
seufzt - oftează
sich - ea însăși, el însuși
sich entschuldigen - a-și cere scuze
sich freuen - a fi bucuros, a se bucura, a fi fericit/ă
sich sehr bemühen - a încerca din greu, a se strădui
sich vordrängen - a nu-ți aștepta rândul
sicher - sigur, convins, desigur
sie selbst - ei înșiși, ele înseși
sie, ihr, ihnen - ea, ei, ele, pe ea, al/a/ai/ale ei
siebzig - șaptezeci
siegt - triumfă
sieht - privește, vede
sind nicht - nu sunt
singend - cântă
singer - a cânta
Situation, die - situație

Sitzplatz, der - loc
sitzt - stă, șede
Skulptur, die - sculptură
Snack, der - gustare
so - deci
Sofa, das - canapea
sofort - dintr-o dată, imediat
sogar - chiar
Sohn, der - fiu
solch - așa de, atât de
sollen - voi, vei, va, vom, veți, vor
sollte - ar trebui
Sommer, der - vară
Sonne, die - soare
sonnenbaden - bronzare
Sonntag, der - duminică
Sorge, die - îngrijorare, griji, a se îngrijora
Spanisch - spaniolă
Sparta - Sparta
Spaß machen - glumă
spät - târziu
später - după aceea, mai târziu
Spaziergang, der - plimbare
Speisekarte, die - meniu
Spenden, die - caritate
sperren - a încuia
Spezialität, die - specialitate
Spiegel, der - oglindă
Spiel, der - joc
spielen - a se juca
spielt - se joacă
Spielzeuge, die - jucării
spießt - înjunghie, înțeapă
Spital, das - spital
Spitze, dis - deasupra, pe
Spitzname, der - poreclă
Sprache, die - limbă
sprechen, reden - discuție, a vorbi
sprechend - vorbește
spricht - luând, vorbește
spricht an - se adresează
spricht weiter - continuă
springt - sare
Stadt, die - oraș
Stapel, der - teanc
stark - puternic
starrt - privește lung, se holbează
statt - în loc să/de, în schimb

Staub, der - praf
Steckdose, die - priză
Stecker, der - a băga în priză
steht - se ridică în picioare
Stelle, die - părere, punct, moment
stellt vor - prezintă
stellvertretender - reprezentant, deputat, adjunct
stieg - pășit
Stiegen, die - scări
Stil, der - stil
still - liniștit, tăcut
Stimme, die - voce
Stimmung, die - dispoziție, stare de spirit, spirit, esență
Stirnrunzeln, das - expresie încruntată
stolz - mândru, cu mândrie
Straße, die - drum, - stradă
Straßenbahn, die - tramvai
Streich, der - farsă, glumă
streichelt - mângâie
Streit, der - dispută
streng - cu strictețe, strict
strenger - mai strict
streunender - fără casă, fără stăpân, vagabond
Student/Studentin, der/die - student/ă
Studentenwohnheim, das - cămine studențești
Studien, die - studii, cursuri
studiert - să studieze
Stuhl, der - scaun
Stunden, die - ore
Supermarkt, der - supermarket
Suppe, die - supă
Süßigkeiten, die - dulciuri
Symbol, das - simbol
Szene, die - scenă
Tablet, das - tabletă
Tag, der - zi
Tage, die - zile
Tagesanbruch, der - zori
Talent, das - talent
Tante, die - mătușă
tapfere - curajos
Tasche, die - geantă, bagaj
tat - făcut
Tatsache, die - fapt, adevăr

Taxi, das - taxi
Taxiunternehmen, das - serviciu de taxi
Tee, der - ceai
Teller, der - farfurie, platou
Temperament, das - temperament
Teppich, der - carpetă, covor
Test, der - test
teuer - scump
Text, der - text
Thema, das - temă
Ticket, das - bilet
tief - profund, adânc
Tier, das - animal
Tisch, der - birou, catedră, bancă (la școală), masă
Tochter, die - fiică
toll - uimitor
Tomate, die - roșie, tomată
Ton, der - ton, voce
Tor, das - poartă
Torte, die - tort
töten - a ucide
Tourniquet, das - garou
Traditionen, die - tradiții
tragen - a duce, a căra, a purta, cărând, purtând
trägt - duce, cară, poartă
trainiert - antrenat, în formă
Traum, der - vis
träumt - visând, să viseze
traurig - din nefericire, cu tristețe, supărat, trist
treffen - a întâlni, întâlnire
trinken - a bea
trinkend - de băut
Trinkschale, die - ceașcă
trinkt - bea
trotzdem - chiar și așa, totuși, cu toate acestea, oricum
tschüß - pa, la revedere
Tube, die - tub
tüchtig - capabil
tue nicht - nu (+verb)
Tulpen, die - lalele
Tunnel, der - tunel
Tür, die - ușă
Türen, die - uși
Türglocke, die - sonerie

tut - face
tut ihr leid - îi pare rău
tut nicht - nu face
Twitter - Twitter
U-Bahn, die - metrou
über - despre, peste
übereinstimmt - coincide
überholt - depășește
überprüfen - a verifica
überprüft - examinând, analizând
überraschen - surpriză
überrascht - surprins/ă, mirat/ă
Überschwemmung, die - inundație
übersetzen - a traduce
Übersetzung, die - traducere
überwachend - supraveghere
überzeugend - convingător
überzeugt - convinge
Übung, die - exercițiu
umarmt - îmbrățișează
Umgebung, die - mediu înconjurător
Umstände, die - circumstanțe, situații
und - și
unerfreulich - neplăcut
unerwartet - pe neașteptate, dintr-o dată
ungewöhnlich - în mod neobișnuit
ungewöhnliche - neobișnuit
unglaublich - incredibil
unglücklicherweise - din nefericire
Uniform, die - uniformă
Universität, die - universitate
unkorrigiert - neverificat
unruhig - neliniștit, stânjenit
uns - noi, nouă
unsere - a noastră, al nostru, ai noștri, ale noastre
unter - sub
unterbricht - întrerupe
Unterlagen, die - documente
Unterricht, der - cursuri, lecție, oră, clasă
unterrichtet - predă
Unterrichtsfach, das - materie, subiect
unterste - cel mai de jos
Unverschämtheit, die - nerușinare, impertinență
unverständlich - incomprehensibil, de neînțeles
unzivilisiert - necioplit, necivilizat

unzufrieden - cu nemulțumire, cu reproș
Urlaub, der - vacanță
Vater, der - tata, tati
verängstigter - speriat, înspăimântat
Verbindung, die - conexiune, legătură
verbringen - a petrece, a cheltui
verbringt - petrece, cheltuie
verdienen - a câștiga
verdient - meritat
verfasst - compune
Vergänglichkeit, die - fragilitate
vergaß - a uitat
vergeben - a ierta, iertat
vergehen - a trece
vergessen - uitat
vergeuden - a pierde, a irosi
vergisst - uită
Vergnügen, das - plăcere
vergnügt - bucuros, cu bucurie
verhält - se poartă, se comportă
verheiratet - căsătorit/ă
verjagt - urmărește
verkaufen - a vinde
Verkäufer, der - vânzător
Verkäuferin, die - vânzătoare
verkauft - vândut
Verkehrsmittel, die - transport
verlassen - rămas
verlaufen - pierdut, rătăcit
Verlegenheit, die - rușine, stânjeneală
verliebte sich - s-a îndrăgostit
verlieren - a pierde
verlockend - apetisant
Verlust, der - pierdere
vermisst - lipsește
Vermittlung, die - expeditori, dispecerat
vernünftig - cu bun simț
verpflichtend - obligatoriu
verschiedene - divers
verschließt - sigilează
verschmitzt - șiret, cu viclenie, viclean
versehentlich - accidental, din greșeală
verstand - a înțeles, și-a dat seama;
    Verstand, der - inteligență, intelect, minte, cap, simț
verständlich, leicht - simplu, natural
versteht - a înțelege, a-și da seama, înțelege, își dă seama

Versuch, der - a ghici, a presupune
versuchen - a încerca
versucht - încearcă
Verwandte, der - rudă
verwechselt - încurcat, amestecat
verwendet - folosind
verwirrt - confuz
Verwirrung, die - confuzie
Verzweiflung, die - a dispera, disperare
viel, viele - mult
vielleicht - poate, s-ar putea, e posibil
vier - patru
vierte - a patra
vierzig - patruzeci
Vögel, die - păsări
voll - plin
von - din, de la
vor - în fața
vor einem Jahr - acum un an, cu un an în urmă
vor kurzem - recent
vorbei - pe lângă, dincolo de
vorbeikommt - trece
vorbeischauen - a vizita, a trece pe la
vorgeschriebenen - cerut, necesar
Vorlesungen, die - cursuri
Vorsicht, die - precauție, atenție
vorübergehend - temporar
wächst - crește
wacht auf - se trezește
Wächter, der - paznic, gardian, a sta de pază/de gardă
wählt - alege, formează un număr de telefon
wahr - adevărat
während - în timp ce
Wahrheit, die - adevăr
wahrscheinlich - probabil
Wald, der - pădure
wann - când
war - a fost/era
war nicht - nu era
wärst - erai, eram, erați, erau
warten - a aștepta
wartet - așteaptă
warum - de ce
was - ce
wäscht - spală

Wasser, das - apă
Wasserhahn, der - robinet
weg - departe, dispărut, plecat
wegwerfen - a arunca
weh tun - a suferi, a face rău
weigert - refuză
Weihnachten, das - Crăciun
weil - pentru că
weinen - a plânge
weiseste - cel mai înțelept/cea mai înțeleaptă
weiß - a ști, alb, știe
weit - departe, larg
weiter - mai departe
welche - care
wenn - dacă
wer - cine
werden - verb auxiliar de viitor, voință
wertvoll - valoros, de preț
Wetter, das - vreme
wichtige - important
wie - cum, de parcă
wiederbeleben - a readuce la viață
wiederholt - repetă, repovestește
wild - furios
will - vrea
wir - noi
wird - devine
wird gehört - auzit
wird gerade repariert - este la reparat
wird ohnmächtig - leșină
wird sichtbar - apare, se vede
wirklich - adevărat, real, chiar
Wissen, das - cunoștințe
wissend - știind, cunoscând
wo - unde
Woche, die - săptămână
Wochenende, das - weekend, sfârșit de săptămână
Wohnung, die - apartament
Wohnzimmer, das - locuind
wollen - a vrea
Wort, das - cuvânt
wunderbar - minunat
wundert - minune, a se întreba
wurde - a devenit
würde - ar (+verb)

wurde ohnmächtig - leșinat
Wurst, die - cârnat
wusste - știa
Wut, die - mânie, furie, nervi
wütend - furios, nervos
Zahn, der - dinte
Zahnarzt, der - dentist
Zahnklinik, die - chirurgie dentară
Zahnschmerzen, die - durere de dinte/de măsea
Zaun, der - gard
Zehenspitzen, die - pe vârfurile picioarelor, tiptil
zehn - zece
zehnten - al zecelea/a zecea
zeigt - arată, a indica a arăta cu degetul
Zeit, die - timp, moment
Zeitraum, der - perioadă
Zeitschriften, die - reviste
Zeitung, die - ziar
Zentimeter, die - centimetri
Zentrum, das - centru
zerriss - a rupt
zerstören - a rupe
zieht - trage
ziemlich - destul de, drăguț
Zigarette, die - țigară
Zimmer, das - cameră
zögerlich - cu sfială, cu ezitare
zu - înspre
zubereite - a se pregăti
zudem - (ba) mai mult
zufällig - aleatoriu, la întâmplare
zufrieden - mulțumit, cu mulțumire
zufriedene - mulțumit, satisfăcut
Zug, der - tren
Zuhause, das - acasă
zurechtkommen - se descurcă, reușește
zurück - înapoi
zusammen - împreună
Zustelldienst, der - curier, serviciu de livrări
zwanzig - douăzeci
zwei - doi/două
zweifeln - îndoială
zweite - al doilea/a doua

Buchtipps

Das Erste Rumänische Lesebuch für Anfänger
Zweisprachig mit Rumänisch-deutscher Übersetzung
Stufen A1 A2

Das Buch enthält einen Kurs für Anfänger und fortgeschrittene Anfänger, wobei die Texte auf Deutsch und auf Rumänisch nebeneinanderstehen. Die Motivation des Schülers wird durch lustige Alltagsgeschichten über das Kennenlernen neuer Freunde, Studieren, die Arbeitssuche, das Arbeiten etc. aufrechterhalten. Die dabei verwendete Methode basiert auf der natürlichen menschlichen Gabe, sich Wörter zu merken, die immer wieder und systematisch im Text auftauchen. Sätze werden stets aus den im vorherigen Kapitel erklärten Wörtern gebildet. Die Audiodateien sind auf www.lppbooks.com/Romanian/index_de.html inklusive erhältlich.

Das Erste Rumänische Lesebuch für Anfänger Band 2
Zweisprachig mit Rumänisch-deutscher Übersetzung
Stufe A2

Dieses Buch ist Band 2 des Ersten Rumänischen Lesebuches für Anfänger. Das Buch enthält einen Kurs für Anfänger und fortgeschrittene Anfänger, wobei die Texte auf Rumänisch und auf Deutsch nebeneinanderstehen. Die dabei verwendete Methode basiert auf der natürlichen menschlichen Gabe, sich Wörter zu merken, die immer wieder und systematisch im Text auftauchen. Sätze werden stets aus den im vorherigen Kapitel erklärten Wörtern gebildet. Die Audiodateien sind auf www.lppbooks.com/Romanian/index_de.html inklusive erhältlich.

Das Zweite Rumänische Lesebuch
Zweisprachig mit Rumänisch-deutscher Übersetzung
Stufen A2 B1

Der Privatdetektiv ist hinter der Frau her, die er liebt. Ehemaliger Luftwaffenpilot, entdeckt er einige Seiten in der menschlichen Natur, mit denen er nicht zurechtkommen kann. Das Zweite Rumänische Lesebuch ist ein zweisprachiges Buch für die Stufen A2 und B1. Sätze werden stets aus den im vorherigen Kapitel erklärten Wörtern gebildet. Die Audiodateien sind auf www.lppbooks.com/Romanian/index_de.html inklusive erhältlich.

Erste Rumänische Fragen und Antworten für Anfänger
Stufen A1 A2
Zweisprachig mit Rumänisch-deutscher Übersetzung

Das Buch enthält einen Kurs für Anfänger und fortgeschrittene Anfänger, wobei die Texte auf Deutsch und auf Rumänisch nebeneinanderstehen. Das Buch enthält einfache Beispiele für Fragen und Antworten im Rumänischen. Die dabei verwendete Methode basiert auf der natürlichen menschlichen Gabe, sich Wörter zu merken, die immer wieder und systematisch im Text auftauchen. Die Audiodateien sind auf www.lppbooks.com/Romanian/LRLD/ inklusive erhältlich.

www.ingramcontent.com/pod-product-compliance
Lightning Source LLC
Chambersburg PA
CBHW080343170426
43194CB00014B/2666